Accords
Mets & vins

43, quai de Grenelle,
75905 Paris Cedex 15
ISBN : 978-2-01-231485-6

Accords
Mets & vins

Avec la collaboration
d'Olivier Bompas

hachette
VINS

Signification des symboles

€	bon marché
€€	raisonnable
€€€	cher

SOMMAIRE

La dégustation

Pour l'amateur, savoir déguster, c'est découvrir toutes les facettes du vin en trois étapes : l'œil, le nez, la bouche. Simple exercice de frime, manifestation de snobisme ? Parfois, mais surtout on comprend et on apprécie mieux tout ce que l'on parvient à traduire en mots, ses sensations par exemple. Cela demande un petit effort, mais le plaisir que l'on peut en retirer en vaut la peine. En tout état de cause, déguster doit rester un jeu, un moment de partage.

L'ŒIL

Première étape de la dégustation, l'examen de la robe (ensemble des caractères visuels), marquée par le cépage d'origine et le mode d'élaboration, est riche d'enseignements.

La limpidité

Aujourd'hui, les vins mis sur le marché sont limpides. Tout au plus peut-on trouver de petits cristaux de bitartrates (insolubles), précipitation que connaissent les vins victimes d'un coup de froid ; leur qualité n'en est pas altérée. On détermine la transparence (vin rouge) en inclinant son verre sur un fond blanc, nappe ou feuille de papier.

La nuance de la robe

Le mode d'élaboration a parfois une influence sur la teinte : les vins blancs élevés en fût ont souvent une teinte plus foncée. La couleur de la robe informe surtout sur l'âge du vin et son état de conservation. La teinte des vins blancs jeunes, jaune pâle, présente parfois des reflets verts. Avec l'âge, elle fonce, devient jaune d'or, puis cuivrée, voire bronzée. Ces teintes ambrées, normales pour un vin liquoreux, doivent alerter pour un vin sec : il a sans doute dépassé son apogée. Quant aux vins rouges, leur robe affiche des nuances violettes lorsqu'ils sont jeunes. Des reflets orangés ou brique annoncent un vin évolué, qu'il ne faut pas tarder à boire.

L'intensité de la couleur

On ne confondra pas intensité et nuance (le ton) de la robe. Une couleur claire reflète parfois un vin dilué. Mais l'intensité de la couleur est aussi fonction du cépage : en rouge, par exemple, le cabernet-sauvignon, la syrah et le tannat donnent des robes plus profondes que le pinot noir. Elle peut aussi varier en fonction de la vinification : une macération courte donne des robes légères, une cuvaison longue, des robes foncées, signe d'une plus forte extraction. La robe légère n'est pas forcément un défaut pour un vin gouleyant à boire jeune : pour juger, on tiendra compte du type du vin.

Les larmes ou jambes

Il s'agit des écoulements que le vin forme sur la paroi du verre quand on l'anime d'un mouvement rotatif pour humer les arômes. Les larmes traduisent la présence de glycérol, un composé visqueux au goût sucré qui se forme

QUALIFICATIFS SE RAPPORTANT À L'EXAMEN VISUEL DE LA ROBE

	NUANCES	INTENSITÉ	LIMPIDITÉ
Blancs	jaune clair, paille, or, ambré	Légère Soutenue Intense Foncée Profonde	Opaque Louche Voilée Cristalline
Rosés	églantine, œil de perdrix, saumon, rose, framboise, grenadine		
Rouges	rubis, cerise, pivoine, pourpre, grenat, violet		

pendant la fermentation et qui donne au vin son onctuosité (le « gras » du vin).

LE NEZ

Deuxième étape de la dégustation, l'examen olfactif permet aux dégustateurs professionnels de détecter certains défauts rédhibitoires, telles la piqûre acétique ou l'odeur du liège moisi (goût de bouchon).

Pour les amateurs, heureusement, la plupart du temps, il ne s'agit que de démêler des impressions plus agréables. Le nez du vin rassemble un faisceau de parfums en mouvance permanente, qui se présentent successivement selon la température et l'aération. On commencera par humer ce qui se dégage du verre immobile, puis on imprimera au vin un mouvement de rotation : l'air fait alors son effet et d'autres parfums apparaissent. Les composants aromatiques du vin s'expriment selon leur volatilité. Il s'agit en quelque sorte d'une évaporation du vin, ce qui explique que la température de service soit si importante : trop froide, les arômes ne s'expriment pas ; trop chaude, ils s'évaporent trop rapidement, s'oxydent, les parfums très volatils disparaissent, tandis que ressortent des éléments aromatiques lourds. La qualité d'un vin est fonction de l'intensité et de la

LES PRINCIPALES FAMILLES D'ARÔMES

Florale	Fleurs blanches (aubépine, jasmin, acacia...), tilleul, violette, iris, pivoine, rose
Fruitée	Fruits rouges (cerise, fraise, framboise, groseille) Fruits noirs (cassis, mûre, myrtille) Fruits jaunes (pêche, abricot, mirabelle) Fruits blancs (pomme, poire, pêche blanche) Fruits exotiques (fruit de la Passion, mangue, ananas, litchi) Agrumes (citron, pamplemousse, orange, mandarine)
Végétale	Herbe, fougère, mousse, sous-bois, champignon, humus, garrigue
Épicée	Poivre, gingembre, cannelle, vanille, clou de girofle, réglisse, noix muscade, paprika
Balsamique	Résine, pin, térébenthine, santal
Animale	Viande, gibier, musc, fourrure, cuir
Empyreumatique	Brûlé, fumé, grillé, toasté, torréfié (café, cacao), caramel, tabac, foin séché, suie
Minérale	Pierre à fusil, graphite, pétrole, iode
Pâtisserie	Brioche, miel, réglisse
Lactée	Beurre frais, crème

complexité du bouquet. Le vocabulaire relatif aux arômes est riche, car il procède par analogie. Divers systèmes de classification des arômes ont été proposés ; pour simplifier, retenons les familles florale, fruitée, végétale (ou herbacée), épicée, balsamique, animale, empyreumatique (en référence au feu), minérale, lactée et la pâtisserie.

LA BOUCHE

Une faible quantité de vin est mise en bouche. Pour permettre sa diffusion dans l'ensemble de la cavité buccale, on aspire un filet d'air. À défaut, le vin est simplement mâché. Dans la bouche, il s'échauffe, diffuse de nouveaux éléments aromatiques recueillis par la voie rétro-nasale, qui utilise le passage reliant le palais aux fosses nasales – étant entendu que les papilles de la langue ne sont sensibles qu'aux quatre saveurs élémentaires : l'amer, l'acide, le sucré et le salé. Voilà pourquoi une personne enrhumée ne peut goûter un vin, la voie rétronasale étant inopérante.

Outre les quatre saveurs élémentaires, la bouche est sensible à la température du vin, à sa viscosité, à la présence ou à l'absence de gaz carbonique et à l'astringence (effet tactile : absence de lubrification par la salive et contraction des muqueuses sous l'action des tanins). C'est en bouche que se révèlent l'équilibre, l'harmonie, l'élégance ou, au contraire, le caractère de vins mal bâtis. L'harmonie des vins blancs et rosés s'apprécie à leur équilibre entre acidité et alcool pour les vins secs, acidité et moelleux (sucre) pour les vins doux. Pour les vins rouges, elle tient à l'équilibre entre l'acidité, l'alcool et les tanins. Ces éléments supportent sa richesse aromatique ; un grand vin se distingue par sa construction rigoureuse et puissante, quoique fondue, par son ampleur et par sa complexité aromatique.

Après cette analyse en bouche, le vin est avalé. Le dégustateur se concentre alors pour mesurer sa persistance aromatique, appelée aussi longueur en bouche. Plus le vin est riche en arômes, plus il est dense et séveux, plus il tapisse les muqueuses du palais et prolonge l'excitation des sens. En somme, plus un vin est long, plus il est estimable. Cette mesure (exprimée en secondes ou caudalies) ne porte que sur la longueur aromatique, à l'exclusion des éléments de structure du vin (acidité, amertume, sucre et alcool).

LES DEGRÉS DE L'ACIDITÉ

MANQUE	SATISFAISANT			EXCÈS
--->				
Plat Mou	Tendre	Frais Vif	Nerveux	Vert, mordant Agressif

LES DEGRÉS DU SUCRÉ

MANQUE	SATISFAISANT			EXCÈS
--->				
Sec	Tendre Souple	Doux Moelleux	Liquoreux	Sirupeux, pommadé Lourd

LES DEGRÉS DE LA PUISSANCE ALCOOLIQUE

MANQUE	SATISFAISANT			EXCÈS
--->				
Pauvre Mince	Léger	Généreux Vineux	Puissant Chaleureux Capiteux	Alcooleux Brûlant

LES TANINS (VINS ROUGES)

ABSENCE	PRÉSENCE HARMONIEUSE			PRÉSENCE EXCESSIVE
--->				
Gouleyant, souple	Soyeux, velouté, fondu	Construit, structuré	Charpenté, tannique, solide, viril	Rustique, anguleux, grossier, astringent, âpre, séchant, dur, acerbe

Les vins et la gastronomie

La France est considérée comme l'un des pays viticoles les plus prestigieux, notamment grâce à ses célèbres crus classés. L'amateur y trouvera une vaste palette de vins, issus de terroirs et d'encépagements très diversifiés, à tous les prix, dans toutes les couleurs et tous les styles. Du crémant de l'apéritif aux vins moelleux et liquoreux du dessert, ces vins d'émotion sont propres à sublimer les mets les plus variés. Des plats classiques aux recettes de fête, des spécialités régionales à la cuisine du monde, découvrez, région par région, les vins qui mettront en valeur vos plats.

LES VINS D'ALSACE-LORRAINE ET LA GASTRONOMIE

L'Alsace produit essentiellement des vins blancs. Une gamme très large qui s'étend des vins secs à la minéralité marquée, aux liquoreux, vendanges tardives ou autres sélections de grains nobles. Les possibilités d'accords sont donc nombreuses, de l'apéritif au dessert. Il est cependant important de tenir compte du fait que de nombreux vins, considérés comme secs, laissent poindre des sucres résiduels, présents pour équilibrer une forte acidité. Sur certains plats, cette douceur peut se révéler gênante, il faut donc en tenir compte au moment de choisir une cuvée. Le pinot noir donne naissance à de rares rosés de bonne fraîcheur et à des rouges fins et élégants. Les vins de Lorraine réservent également de jolies surprises.

LES VINS D'ALSACE

Alsace sylvaner et alsace pinot blanc

Les cépages sylvaner et pinot blanc donnent des vins vifs et fringants, au fruité délicat. Ces cuvées sont parfaites au moment de l'apéritif pour accompagner un ceviche de dorade en verrine ou des toasts de saumon fumé. En entrée, elles soulignent le fondant et la note iodée des coquillages, tranchent avec le gras des charcuteries. Avec la choucroute, ce grand classique de la cuisine régionale, le mariage est toujours réussi, quelle que soit la garniture du chou : saucisses, palette de porc, poissons frais et fumés.

Alsace riesling

Racés et d'une grande délicatesse, les vins issus du cépage riesling témoignent de la grande diversité et de la richesse des terroirs du vignoble alsacien. Ils expriment une minéralité caractéristique, plus ou moins marquée, et accompagnent très bien le saumon ou la truite fumés, les œufs de poisson, et un mets très raffiné : le caviar. Avec un poisson d'eau douce, l'harmonie est parfaite, ainsi qu'avec des cuisses de grenouille. Ces vins ont une grande capacité de vieillissement et, après quelques années en cave, ils sont parfaits pour accompagner les crustacés, comme un homard simplement rôti.

Alsace muscat

Très expressif, ce cépage réputé dans les vignobles méridionaux pour produire des vins doux opulents donne en Alsace de très bons blancs secs. Leur caractère aromatique en fait des vins d'apéritif originaux, qui permettent notamment des mariages avec des mets parfois difficiles à accorder à cause de leur caractère végétal, à l'image des asperges, du navet ou du céleri.

Alsace pinot gris

Le pinot gris donne des vins très typés, charpentés, ronds et d'une grande persistance. Ces cuvées s'accordent à merveille avec des plats délicats et savoureux tels un foie gras poêlé accompagné de fruits ou un risotto aux cèpes. Elles se marient bien également avec les viandes blanches comme le porc ou le veau braisé et, pour une alliance sucré-salé, avec un canard à l'orange. On jouera alors sur l'équilibre entre la vivacité du vin et son caractère moelleux. En fin de repas, ces vins mettront en valeur les fromages à pâte cuite, comme le comté ou le beaufort, et plus classiquement les desserts aux fruits comme une tarte aux pommes à l'Alsacienne.

ALSACE SÉLECTION DE GRAINS NOBLES

La mention « sélection de grains nobles » s'applique aux vins des appellations alsace ou alsace grand cru provenant uniquement des cépages gewurztraminer, riesling, pinot gris et muscat. Issus de raisins atteints de pourriture noble, ce sont des vins liquoreux dotés d'une grande concentration (jusqu'à 306 g/l de sucres dans le moût), d'une incroyable intensité aromatique et d'une longueur en bouche exceptionnelle.

ALSACE VENDANGES TARDIVES

La mention « vendanges tardives » s'applique aux vins des appellations alsace ou alsace grand cru provenant uniquement des cépages gewurztraminer, riesling, pinot gris et muscat récoltés en surmaturité plusieurs semaines après le début des vendanges. Dotés d'une richesse minimale en sucre de la vendange parmi les plus élevées des AOC françaises, ces vins liquoreux sont intenses, denses et très persistants.

Alsace gewurztraminer

Sans doute le plus typé et le plus original des cépages de la région, le gewurztraminer est à l'origine de vins corsés et aromatiques qui peuvent être appréciés dès l'apéritif et donnent d'excellents accords avec les plats asiatiques. On jouera alors sur toute la gamme des nuances sucrées-salées. Les cuvées les moins marquées par la douceur accompagnent de façon très harmonieuse un foie gras mi-cuit ou un fromage à croûte lavée, comme un munster affiné à point, tandis que les alsaces vendanges tardives et sélections de grains nobles sont parfaits sur les desserts mettant en valeur les fruits, le caramel, le miel et les épices.

Alsace klevener-de-heiligenstein

Frais et marqué par une grande minéralité, exprimant notes d'agrumes et de fruits exotiques, le klevener-de-heiligenstein constitue un excellent vin d'apéritif. Il s'accorde parfaitement aux spécialités à base de produits de la mer comme les carpaccios et les tartares de poissons relevés de citron, les crustacés simplement grillés et les poissons en papillotes accompagnés de petits légumes. Comme les crus d'Alsace en général, ce vin donne de très agréables mariages sur les plats aigres-doux des cuisines asiatiques, comme des crevettes au caramel ou un canard laqué.

Alsace pinot noir

Délicats et frais, les pinots noirs d'Alsace accompagnent idéalement les viandes mijotées, et se révèlent pleins de gourmandise sur un pot-au-feu ou un baeckeoffe, sorte de potée alsacienne à base de porc, d'agneau et de bœuf. Les cuvées élevées en fût s'associeront à la note rôtie d'une volaille à la broche, et donneront un mariage harmonieux, après quelques années de cave, avec du gibier, comme un lièvre à la royale ou un faisan braisé au chou. Légèrement rafraîchi, un alsace rouge exprime un fruité immédiat et peut accompagner les poissons en sauce au vin rouge comme une matelote d'anguille ou un civet de lotte.

Crémant d'Alsace

Né d'élégants assemblages de plusieurs cépages (pinot blanc, auxerrois, pinot gris, pinot noir, riesling, chardonnay), le crémant-d'alsace, élaboré selon la méthode traditionnelle, se distingue par sa légèreté et sa délicatesse. Les blancs sont parfaits au moment de l'apéritif et donneront d'excellents accords avec des fruits de mer, un poisson, une viande blanche ou un fromage à pâte molle et à croûte fleurie (brie). Quant aux rosés, ils s'entendront bien avec les desserts aux fruits rouges, sorbet, tarte ou charlotte.

LES VINS DE MOSELLE

L'appellation moselle produit d'originaux vins blancs frais et aromatiques, dans lesquels domine le cépage müller-thurgau, des vins rouges fins et gourmands, issus de pinot noir (majoritaire) ou de gamay, et des vins gris (rosés) au fruité subtil. Ces derniers constituent l'essentiel de la production de la petite appellation côtes-de-toul. Vins blancs et gris sont parfaits pour accompagner quiches et tourtes, poissons d'eau douce et fromages à pâte molle comme le munster-géromé. Les rouges accompagneront un assortiment de charcuterie ou un carré de l'est, fromage à croûte fleurie doux et moelleux.

LES VINS DU BEAUJOLAIS ET LA GASTRONOMIE

Trop souvent reléguées au rôle de vins de comptoir, les appellations du Beaujolais se déclinent en une gamme très diverse, du fameux beaujolais nouveau aux plus complexes des crus, souvent dotés d'une bonne capacité d'évolution. Les plus simples et « gouleyants » sont parfaits pour accompagner un mâchon composé de charcuteries et de fromages, tandis que les vins les plus riches et structurés accompagnent les plats de la cuisine de bistrot et des fameux bouchons lyonnais. La viande de porc est alors à l'honneur, tout comme un onglet de bœuf ou un poulet de Bresse rôti.

Beaujolais et beaujolais-villages

Les vins nés du cépage gamay sont ronds et fruités et se plaisent bien avec des charcuteries de qualité, à commencer par la rosette, le jésus ou le cervelas truffé. Tendres, vifs et dotés de tanins souples, ils soulignent le fondant des terrines et autres pâtés, la finesse des jambons secs et des vrais saucissons, et contrebalancent de leur vivacité le gras d'un rôti de porc ou d'une cuisse de canard. Servi frais, un beaujolais tient tête, de façon étonnante, à un sashimi de thon, une préparation crue accompagnée de sauce soja. Vieillies quelques années, ces cuvées s'accorderont parfaitement à un onglet de bœuf grillé.

Un beaujolais blanc aux notes de fleurs blanches et d'agrumes sera en parfaite harmonie sur une poêlée de cuisses de grenouille en persillade, et sur un fromage frais relevé d'herbes aromatiques, comme la cervelle de canut, spécialité à base de fromage blanc, de fines herbes et d'ail.
Un beaujolais rosé, fruité et friand, se révèle très agréable au moment de l'apéritif, avec des rillettes de poisson accompagnées de pain de campagne grillé.

Chiroubles, fleurie et saint-amour
Vins gourmands et fringants, ce sont les plus tendres des crus de la région. Ils s'accordent aux charcuteries, et particulièrement au jambon et aux saucissons, comme un savoureux jésus. Classiquement, ils apprécient la cuisine de bistrot et tranchent avec le fondant d'une tête de veau relevée de la note acidulée de la sauce gribiche. Après quelques années en bouteille, ces vins révèlent leur terroir et perdent le caractère variétal du cépage gamay. Plus profonds et complexes qu'un beaujolais simple, ils offrent des accords plaisants avec les abats rouges, comme les rognons, ou une pièce de bœuf grillée, servie avec des frites craquantes et relevée de moutarde en grains.

Brouilly, côte-de-brouilly, juliénas, régnié
Les plus robustes des vins de la région expriment un fruité éclatant. Ronds et épicés, ils appellent une cuisine riche comme un jambon persillé, une terrine de campagne, un tablier de sapeur, une tête de veau sauce gribiche ou un pied de cochon grillé accompagné de frites craquantes. Ils opposent leur vivacité au caractère un peu gélatineux de ce type de plats, pour un accord très fringant, et soulignent également la consistance charnue d'un foie poêlé en persillade. Après quelques années de cave, ces vins gagnent en souplesse et peuvent être servis sur une entrecôte grillée, ou encore sur un plat en sauce au vin, comme un coq au vin ou un civet de lapin, soulignant alors le fondant des viandes mijotées.

Chénas, morgon, moulin-à-vent
Charpentés et corsés, ces vins aptes au vieillissement dévoilent un bouquet de fruits rouges mûrs, de fleurs et d'épices douces et se plairont bien avec une viande rôtie ou braisée, dont ils soulignent la finesse de la chair et le craquant de la peau dorée, comme une noix de veau ou une volaille à la broche. Après quelques années de cave, ils évoluent vers des arômes complexes – sous-bois, musc et, parfois, truffe –, sans perdre ce caractère floral caractéristique, et évoquent la structure des bourgognes. À associer alors à un filet de bœuf saignant, un magret de canard ou un pigeon cuit rosé.

LES VINS DE BORDEAUX ET LA GASTRONOMIE

Du crémant de l'apéritif aux vins moelleux et liquoreux du dessert, le vignoble du bordelais produit à peu près tous les types de vins. Il est cependant d'abord reconnu pour ses vins rouges, des plus souples et charnus aux plus tanniques et corsés, selon que dominent dans l'assemblage le merlot ou le cabernet-sauvignon. Ils peuvent être de grande garde et s'accordent à de nombreux plats à base de viande, à commencer par le bœuf et l'incontournable entrecôte à la braise, ainsi qu'à l'emblématique lamproie à la bordelaise.

LES BORDEAUX BLANCS

Vins blancs secs

Entre-deux-mers ou bordeaux blanc sont à consommer jeunes et se caractérisent par une agréable fraîcheur, de la finesse et des arômes de fleurs blanches, de fruits exotiques et d'agrumes. Excellents vins d'apéritif, accompagnés de feuilletés au fromage, de rillettes de poissons ou de verrines à base de produits de la mer, ils sont également parfaits sur le plateau de coquillages, sur un carpaccio de dorade et saumon ou, plus classiquement, sur des charcuteries.

Vins blancs de garde

Les appellations graves ou pessac-léognan produisent des vins blancs savoureux et riches aux arômes d'agrumes et de fruits exotiques, et à l'évolution, de fruits secs nuancés de quelques notes toastées issue de l'élevage en fût. Ils soulignent la finesse de la coquille Saint-Jacques, la délicatesse de l'huître gratinée, le fondant du boudin blanc, et plus généralement le caractère marin des crustacés et du fameux caviar de Gironde.

Bordeaux rosés et clairets

Rosés et clairets sont des vins gourmands, suaves et vifs, aux notes de petits fruits rouges. Les premiers sont parfaits pour accompagner un repas d'été dès l'apéritif, les salades composées, les charcuteries, un assortiment de poissons à la plancha ou des grillades de viandes à la braise. Les seconds, souvent proches d'un rouge léger, donnent des accords originaux sur les cuisines asiatiques salées-sucrées ou les saveurs relevées de la cuisine marocaine courte donne des robes légères, une cuvaison longue, des robes foncées, signe d'une plus forte extraction. La robe légère n'est pas forcément un défaut pour un vin gouleyant à boire jeune : pour juger, on tiendra compte du type du vin.

Crémants-de-bordeaux blanc et rosé

Le crémant-de-bordeaux, entre rondeur et fraîcheur, est parfait en apéritif accompagné de feuilletés, dont il apprécie la note beurrée, de toasts de saumon fumé, de préparations à base de fromage frais. Il peut être également servi durant un repas sur un poisson braisé, une volaille fondante à la crème ou un savoureux chaource. Le crémant rosé, plus vineux, s'accorde aux cuisines asiatiques relevées d'épices douces, aux carpaccios de poisson, aux gambas grillées et même aux viandes, comme un canard rôti aux cerises.

Vins blancs moelleux et liquoreux

Les blancs moelleux offrent une bouche équilibrée entre fraîcheur et suavité. Leur gamme aromatique est marquée par un fruité immédiat qui décline toute la gamme des fruits blancs, jaunes et exotiques, et des agrumes. Des vins qui peuvent être servis à l'apéritif, mais aussi sur une poêlée de gambas sauce aigre-douce, sur un foie gras mi-cuit accompagné d'une compotée de coing, sur les viandes cuisinées avec des fruits et sur les desserts à base de fruits.

Les blancs liquoreux, d'une complexité aromatique remarquable évoluent avec le temps, passant des notes fruitées, caractérisant les vins moelleux, à des arômes riches de cire, de fruits confits, de miel, d'épices douces et de « rôti » qui témoigne de la présence de la pourriture noble sur les raisins. Ils accompagnent le foie gras mi-cuit et même poêlé, servi avec une garniture de fruits, ou encore une volaille festive comme une poularde ou une oie rôties. Mais l'accord le plus démonstratif est certainement avec le roquefort. Les gammes aromatiques issues de deux moisissures « nobles » se complètent merveilleusement, le gras du fromage et la grande onctuosité du vin prolongeant l'accord.

LES BORDEAUX ROUGES

Les bordeaux rouges se caractérisent par leur rondeur et leur souplesse. Des vins à consommer sur la fraîcheur et la jeunesse avec des préparations simples, à commencer par les charcuteries – comme un grenier médocain, un jambon de pays ou des terrines –, mais aussi les viandes simplement grillées ou rôties, et les fromages à pâte dure, comme un salers ou un vieux gouda.

Les bordeaux-supérieurs, côtes-de-bordeaux, médoc ou haut-médoc sont des vins denses et complexes, aptes au vieillissement. Leur palette aromatique dévoile des notes de petits fruits rouges et noirs, que complètent le bois de réglisse, les épices douces et une touche de fumé et de boisé caractéristique de l'élevage en fût. Ces vins accompagnent à merveille les viandes juteuses simplement rôties comme une épaule d'agneau, un magret de canard ou une entrecôte épaisse, et l'âge venant, les viandes braisées ou mijotées comme un traditionnel bœuf-carottes.

Appellations communales du Médoc

Si les appellations communales du Médoc ont chacune un profil gustatif particulier, elles ont en commun de produire des rouges profonds, fins et élégants, qui demandent à vieillir pour exprimer tout leur potentiel. À maturité, ces vins représentent le compagnon idéal d'une viande rôtie comme un gigot d'agneau en croûte, un tournedos Rossini, et bien sûr, la traditionnelle côte de bœuf à l'os grillée à la braise de sarments. À l'évolution, leur texture délicate et le moelleux des tanins patinés s'accordent au fondant des cèpes, et la gamme aromatique tertiaire s'harmonise au goût relevé des petits gibiers et de la truffe.

Graves et pessac-léognan

Les appellations graves et pessac-léognan donnent naissance à des vins fins, savoureux et pleins, de très bonne capacité d'évolution. Leur palette aromatique évoque les fruits rouges bien mûrs, le pain grillé, le sous-bois, la terre humide, le cuir et le cacao. Ces vins accompagnent très bien une galantine, une tourte à la viande et au foie gras, le fondant des volailles grasses comme une poularde, la finesse de la chair d'une caille rôtie, et les garnitures à base de champignons des bois. L'âge venant, ils sont également parfaits sur la fameuse lamproie à la bordelaise.

Saint-émilion, pomerol et fronsac

Les vins de la rive droite sont à la fois corsés et charnus, du fait de la prédominance du merlot. Ils dévoilent de puissants arômes de fruits noirs très mûrs, de violette, de suie, de sous-bois et de cuir. Dotés de tanins veloutés, ils sont agréables jeunes et gagnent en rondeur après quelques années de garde. Une simple pièce de bœuf grillée aux sarments constitue une parfaite entrée en matière, mais ces vins accompagnent aussi les viandes confites et braisées, et pour les millésimes les plus anciens, les civets, gibelottes, et comme la plupart des bordeaux de garde, les champignons et la truffe.

LES VINS DE BOURGOGNE ET LA GASTRONOMIE

La Bourgogne produit des vins rouges aux tanins veloutés, fins, frais et élégants. Des vins d'émotion, propres à sublimer les mets les plus délicats à commencer par les volailles, aussi bien rôties que longuement mijotées dans de savoureuses sauces au vin, mais également les viandes blanches, les morceaux les plus tendres du bœuf et de l'agneau, et les fromages de caractère comme l'époisses. Les blancs jouent sur l'équilibre entre la vivacité et le gras et donnent de délicieux accords sur les charcuteries un peu grasses, les viandes, les produits de la mer accompagnés de sauce crémée, les crustacés, et les spécialités régionales comme les gougères, les escargots ou les andouillettes de Clamecy.

LES BOURGOGNES BLANCS

Les nombreuses appellations régionales proposent des vins blancs vifs et expressifs, parfois dotés de notes minérales, qui dévoilent des arômes de fleurs blanches, de fruits mûrs, d'amande ou de noisette, et de viennoiserie. Ces cuvées sont idéales au moment de l'apéritif et accompagnent à merveille des feuilletés diversement garnis, des plats froids à base de produits de la mer comme un tartare de saumon, des crustacés et des poissons simplement grillés, un soufflé au fromage ou des bouchées à la reine.

Les vins du Chablisien

Au cœur de l'Yonne, l'appellation chablis, exclusivement consacrée à la production de vins blancs secs, nerveux, de grande finesse, et marqués par une nette minéralité, est l'un des crus les plus réputés de la région. Les nuances sont grandes entre les différents niveaux de classement, mais les chablis ont en commun d'être des vins de bonne structure, longs et typés. Excellents vins d'apéritif, ce sont aussi les bourgognes blancs les mieux adaptés aux coquillages crus, et ils accompagnent harmonieusement la délicatesse des crustacés, des noix de Saint-Jacques, des poissons nobles et des volailles festives. La fraîcheur des cuvées s'accorde bien au gras du comté ou du beaufort et tient tête au piquant des fromages de chèvre secs.

Les vins de la Côte de Beaune

Les grands blancs des appellations meursault, puligny-montrachet ou encore chassagne-montrachet, ainsi que les grands crus comme montrachet ou encore corton-charlemagne, sont des vins mythiques et de grand prestige, d'une exceptionnelle complexité gustative, et capables de se bonifier en vieillissant. Ces vins très élégants, racés et subtils, conviennent aux mets les plus délicats comme la langouste ou le homard, les poissons fumés, le caviar, le foie gras mi-cuit ou poêlé et les volailles festives comme le chapon ou la poularde.

Les vins du Mâconnais

Ce vignoble est consacré, en grande partie, à la production de vins blancs savoureux, généreux et d'une agréable vivacité. Ils peuvent accompagner tout un repas, de l'apéritif aux plats les plus gourmands de la cuisine populaire et familiale, comme une friture de petits poissons, une poêlée de cuisses de grenouille, un feuilleté de saumon à l'oseille, une terrine de lapin pistachée, un saucisson en brioche, ou encore un fromage de chèvre frais.

LES CRÉMANTS

Les crémants-de-bourgogne se caractérisent par des arômes floraux, des notes d'agrumes, de fruits jaunes et blancs bien mûrs, de fruits secs et

de viennoiserie. Ils sont parfaits en apéritif et, comme les vins blancs des appellations régionales, accompagnent sans façon les préparations à base de poissons, de crustacés et de coquillages, les tourtes et feuilletés, les charcuteries un peu grasses, et les fromages crémeux comme les triples crèmes.

LES BOURGOGNES ROUGES

Les nombreuses appellations régionales du vignoble bourguignon produisent plus de la moitié des volumes, à commencer par l'appellation bourgogne qui donne des vins souples et ronds, aux arômes typés de petits fruits rouges rappelant la griotte, la framboise et la fraise. Des vins évoluant, dans le cas des cuvées ayant une certaine capacité de garde, vers le pruneau, le sous-bois et les épices douces. Ces vins aromatiques et droits demandent une cuisine simple comme des charcuteries, des viandes grillées, des volailles rôties, ou encore les plats uniques comme la poule au pot ou le bœuf carotte.

Les vins de la Côte de Nuits

Le vignoble de la Côte de Nuits produit une grande diversité de vins rouges, dont le profil varie en fonction des terroirs et des *climats*, noms donnés aux lieux-dits caractérisés par un type de sol et un microclimat définis. Les cuvées, dans la plupart des cas, sont appréciées pour leur finesse et leur élégance. Elles dévoilent un bouquet très délicat de cerise, de griotte, de cèdre, qui évolue avec le temps vers des notes de fruits à l'eau-de-vie, de fourrure, de tabac blond et de sous-bois. Ces vins, délicats et veloutés, expriment tout leur potentiel avec le temps. Ils seront parfaits sur le fondant d'une côte de veau épaisse ou d'un cuissot de porcelet à la broche, et l'âge venant, ils développent une complexité qui les prédispose à accompagner les gibiers à poil, servis rosés ou saignants, les petits gibiers à plume et les champignons sauvages.

Les vins de la Côte de Beaune

La Côte de Beaune est appréciée pour ses vins rouges profonds, ronds et élégants, aux arômes de fruits rouges et noirs, et en moyenne plus rapidement prêts à boire que ceux de la Côte de Nuits. Les appellations beaune, savigny-lès-beaune, pernand-vergelesses ou volnay offrent les vins les plus fins et délicats, parfois un peu mordants, qui accompagnent dans leur jeunesse les viandes et les volailles rôties, et particulièrement les volailles festives comme le chapon ou la poularde. L'accord est savoureux, la finesse du vin faisant ressortir le fondant des chairs, tandis que la note grillée de la peau flatte le fruité du vin et la note boisée apportée par l'élevage. Avec l'âge, un jarret de veau braisé, un coq au vin ou un civet de lièvre seront parfaits.

Pommard, Corton ou Santenay donnent des vins généralement plus riches et imposants que les précédents et se caractérisent, entre autre, par de subtils arômes de fourrure ou de cuir. Sur la jeunesse du fruit, ils s'accordent aux viandes moelleuses comme un gigot d'agneau de lait ou des cailles rôties. À maturité, notamment pour les 1ers crus, plus denses, ils allieront leur moelleux à une canette rôtie accompagnée de petits navets braisés.

Les vins de la Côte Chalonnaise

Les vins rouges produits dans cette partie du vignoble sont la plupart du temps étoffés, offrant des arômes fruités immédiats, et évoluant sur des notes un peu animales, et d'épices douces. Ces vins denses et équilibrés, dotés d'une agréable fraîcheur, sont parfaits pour accompagner les volailles à la broche escortées de pommes de terre sautées, les viandes blanches comme un carré de veau braisé ; elles se prêtent aussi à un accord original : un poisson d'eau douce mijoté dans une sauce au vin rouge.

JUGER DES TANINS DANS UN VIN ROUGE DE BOURGOGNE

À L'ATTAQUE EN BOUCHE	EN MILIEU DE BOUCHE	EN FINALE
Les tanins peuvent être : – agressifs : c'est un défaut. Le pinot noir ne peut pas être agressif, un point c'est tout. – présents, structurés : il faut s'y attendre sur un vin qui vient d'être mis en bouteilles ou qui a un à deux ans de bouteille, surtout si c'est un pommard ou un mercurey.	Les tanins peuvent être : – massifs, âpres : le pinot noir ne gagne rien à se montrer astringent, bien que des vins vinifiés en rafles entières, en longues cuvaisons, réputés imbuvables durant leurs dix premières années, se révèlent maintenant somptueux, après 20 ans de bouteille. Mais pour une exception de ce genre, on peut considérer que, globalement, le pinot n'a rien à gagner à sembler asséchant dès le milieu de bouche. – charpentés : la différence est subtile mais elle existe. Un vin charpenté est sévère mais pas asséchant. – soyeux, enrobants : typique des millésimes 2003, 2009, des vins de la Côte de Nuits. Le raisin est mûr, les tanins aussi.	Les tanins peuvent être : – secs, astringents, verts, rugueux : c'est l'une des rares occasions où l'astringence n'est pas critiquable, notamment si le vin est jeune et issu de vendanges entières. Il va s'arrondir. Il faut lui laisser sa chance. Mais si la cuvée est âgée de plus de 5 ans, on peut juger que c'est un défaut. - solides : voilà un bon pinot de terroir : un gevrey-chambertin, un pommard, un givry. – soyeux, ronds, charnus : le signe des grands terroirs et des grandes années. On ferme les yeux et on savoure !

LES CHAMPAGNES ET LA GASTRONOMIE

Du fait de son caractère festif, le champagne, souvent brut, a longtemps servi de faire-valoir aux gâteaux d'anniversaire au chocolat, ce qui donne rarement les meilleurs accords. Bien plus à sa place au moment de l'apéritif, le champagne - ou plutôt les champagnes - peut accompagner avec bonheur tout un repas, des bruts sans année, qui représentent l'essentiel de la production, aux cuvées millésimées ou de prestige, capables d'évoluer avec le temps comme les grands blancs tranquilles de garde. Ces vins se marient tout aussi bien aux produits de la mer qu'aux viandes, aux gibiers, aux fromages et, pour les champagnes plus ou moins doux, aux desserts à base de fruits.

BSA ou brut sans année

Ce type de champagne constitue l'essentiel de la production et témoigne du savoir-faire des maisons comme des vignerons particuliers. Élaborés à partir de l'ensemble des cépages de la région, et cela dans des proportions variables, les bruts sans année peuvent être nettement fruités s'ils sont dominés par le pinot noir ou le pinot meunier, ou plutôt marqués par des notes florales, briochées et des arômes d'agrumes et de fruits blancs s'ils sont dominés par le chardonnay. La bouche se caractérise par une nette vivacité, parfois soulignée par de la minéralité, de la finesse et plus ou moins de rondeur.

À boire dans les deux à trois ans, ce sont d'excellents champagnes d'apéritif accompagnés de feuilletés, de gougères ou de verrines à base de produits de la mer. Ces cuvées sont également parfaites

sur les charcuteries un peu grasses comme des rillettes de canard, sur les préparations à base de crustacés et de coquillages, et sur les poissons blancs accompagnés de sauces aux agrumes ou légèrement crémées. Enfin, le champagne est idéal pour accompagner de nombreux fromages, et particulièrement, par contraste avec l'onctuosité, sur les fromages crémeux comme un chaource, un langres ou un cendré de Champagne.
Les champagnes blancs de blancs, issus exclusivement du cépage chardonnay, rappellent les grands vins blancs tranquilles. Riches et complexes, ils accompagnent à merveille les plats à base de poissons de rivière comme la perche, le brochet ou la truite, mais également les poissons de mer et les crustacés les plus fins comme le bar rôti, le turbot braisé ou les coquilles Saint-Jacques.
Un champagne blanc de noirs, issu des cépages pinot noir et pinot meunier, qui apportent à l'ensemble ampleur et caractère vineux et savoureux, conviendra aux plats de poissons à chair ferme comme une lotte à l'américaine, et aux chairs denses des volailles rôties ou braisées accompagnées de champignons.

Champagne rosé
Élaboré le plus souvent par adjonction de vin rouge de la région à une base de vin blanc, auquel il apporte arômes typés de petits fruits rouges et vinosité, le champagne rosé est le compagnon idéal de tout un repas et accompagne aussi bien les entrées que les plats chauds ainsi que certains desserts à base de fruits rouges et noirs.

Cuvées de prestige et millésimées
En Champagne, seules les années considérées comme grandes sont millésimées, tandis que les cuvées de prestige, qui peuvent également mentionner un millésime, sont issues de l'assemblage savant des meilleurs vins d'une maison ou d'un vigneron particulier. Ces vins exceptionnels sont alors dotés d'une richesse remarquable

LE DOSAGE DES CHAMPAGNES

MENTION SUR L'ÉTIQUETTE	DOSAGE EN GRAMME/LITRE DE SUCRES
Brut nature	moins de 3 (non dosés)
Extra-brut	entre 0 et 6
Brut	entre 6 et 12
Extra-dry	entre 12 et 17
Sec	entre 17 et 32
Demi-sec	entre 32 et 50
Doux	plus de 50

MENTION	SIGNIFICATION SUR L'ÉTIQUETTE
RM	Récoltant-manipulant : élabore son champagne exclusivement à partir de sa récolte.
NM	Négociant-manipulant : élabore son champagne à partir d'achat de raisins (éventuellement aussi de sa récolte).
CM	Coopérative de manipulation : élabore son champagne.
RC	Récoltant-coopérateur : fait élaborer son champagne par une coopérative.
SR	Société de récoltants.
MA	Marque d'acheteur : marque de grande distribution, de restaurant, qui a acheté son champagne (regarder l'élaborateur).

qui les prédisposent à la garde, les « vieux » champagnes offrant des nez étonnants, comparables en intensité et en complexité aux plus grands bourgognes blancs.

Au niveau des accords, on se situe alors dans les mêmes registres que pour l'ensemble des grands blancs ; on privilégiera les poissons les plus fins, les crustacés comme le homard ou la langouste, le caviar, le foie gras et les volailles festives à l'image des chapons ou des poulardes.

Il est à noter que les champagnes présentent en outre différents profils gustatifs selon le type de dosage dont ils ont fait l'objet au moment du dégorgement. Les non-dosés sont très secs, n'ayant reçu aucun sucre ajouté, tandis qu'un champagne doux ne revendique pas moins de 50 g de sucre par litre de vin. On tiendra compte de toutes ces nuances pour créer des accords très harmonieux avec les desserts, principalement ceux à base de fruits.

Coteaux-champenois

Une infime partie de la production champenoise est consacrée à cette appellation qui produit, dans les trois couleurs, des vins tranquilles aux accents septentrionaux. Les rouges, fins et veloutés, dévoilent des arômes de petits fruits rouges (framboise et cerise) qui évoluent avec le temps vers le cuir, tandis que les blancs, délicats et légers, se caractérisent par des notes de brioche, de noisette et d'agrumes. Des vins frais qui accompagnent les terrines de poissons, les charcuteries, les pâtés en croûte, les viandes braisées, les volailles rôties et les fromages crémeux.

Rosé-des-riceys

Produit au sud de la Champagne viticole, le rosé-des-riceys est issu du seul pinot noir et offre un nez complexe de petits fruits rouges et d'arômes typés qui rappellent l'amande, la vanille et la bergamote. Des vins ronds, pleins et denses ou plus gouleyants, selon la richesse du millésime, et qui s'accordent aux entrées froides, aux charcuteries, aux salades composées et à la cuisine asiatique aigre-douce.

LES VINS DU JURA ET DE LA SAVOIE ET LA GASTRONOMIE

Le vignoble du Jura, connu pour ses blancs typés et savoureux et ses rouges de caractère, produit des vins originaux tel le fameux vin jaune, qui offre des accords insolites avec les fromages, les charcuteries fumées, et les spécialités comme la fameuse poularde au vin jaune et aux morilles. Quant à la Savoie, elle donne naissance à des blancs légers ou complexes, qui accompagnent à merveille la cuisine à base de fromage, les poissons de lac et les volailles en sauce crémée. De même, la grande variété des vins rouges, des plus gourmands aux plus structurés, permet de nombreuses associations avec les mets, à commencer par les charcuteries de montagne, les viandes rôties et les fromages à pâte dure.

LES VINS DU JURA

Côtes-du-jura blanc

Les plus typés des côtes-du-jura blancs sont les vins issus du cépage local le savagnin. Ils conviennent aux plats à base de fromage, comme un soufflé, et apprécient particulièrement les champignons et le caractère oriental des épices.

Les cuvées issues du chardonnay appellent des accords plus classiques, des plats à base de produits de la mer, soulignant la finesse de la chair des poissons (saumon, sole), d'un saucisson chaud pistaché, d'une blanquette de veau ou d'un fromage de chèvre.

Avec ces blancs de caractère, les morilles, champignons très présents dans la région, constituent cependant le grand classique des accords. Elles peuvent être nappées de crème, servies en croustade ou en accompagnement d'une volaille braisée.

Côtes-du-jura rouge et arbois

Issus de deux cépages locaux, le poulsard et le trousseau, les rouges de la région, denses et tanniques, livrent un bouquet expressif de fruits rouges et noirs. Dégustés jeunes, ces vins s'accordent avec les spécialités régionales comme les saucisses de Morteau et de Montbéliard, et gagnent en rondeur en présence du caractère un peu gras des charcuteries. Après quelques années de garde, ils s'assouplissent et s'harmonisent aux plats en sauce mijotés comme un coq au vin ou un salmis de pigeon.

Vins jaunes : côtes-du-jura, arbois, l'étoile, château-châlon

Le vin jaune est le plus typé et le plus original des vins de la région. Surprenant de par son caractère oxydatif et ses arômes entêtants (fruits secs et noix), il impose des accords bien spécifiques à commencer par le fameux coq au vin jaune et aux morilles ou, dans un registre plus original et exotique, des préparations épicées comme un tajine relevé de cumin ou un curry d'agneau.

Si le vin jaune s'exprime très bien en présence de la texture onctueuse du beurre et de la crème, c'est cependant avec un comté affiné que l'on fait l'un des accords mets et vins les plus réputés, sublimant à la fois le vin et le fromage.

LE VIN JAUNE

Le vin jaune, le plus prestigieux des vins du Jura, est un vin de voile obtenu par un élevage oxydatif, à l'air, sous un voile de levures. Élaboré en quantité limité selon des règles strictes. il est mis en vente six ans et trois mois après la vendange.

LE VIN DE PAILLE

Mis à sécher pendant l'hiver sur des clayettes (et autrefois suspendus au plafond), les raisins destinés à faire du vin de paille sont pressés quand ils sont desséchés et flétris. Le vin de paille est donc un vin coûteux à produire puisqu'à l'issue du séchage une partie des grappes est pourrie, donc jetée, et que le jus s'est évaporé dans les autres. Le pressurage donne à ce vin liquoreux des arômes complexes.

Vins de paille : côtes-du-jura, arbois, l'étoile

Un vin doux aussi rare que complexe, qui révèle des arômes de coing frais, de fruits confits, de fruits secs, d'épices et de cire. Il accordera rondeur et moelleux au fondant d'un foie gras poêlé ou de cailles aux raisins et se plaira bien plus classiquement avec les fromages persillés, à commencer par le bleu de Gex. Avec les desserts à base de fruits jaunes ou exotiques, comme une tarte aux pêches caramélisée, la traditionnelle tarte Tatin, ou encore un entremets à l'ananas, le vin de paille, à la fois moelleux et de grande fraîcheur, donnera des accords très équilibrés, sans excès de douceur.

LES VINS DE SAVOIE

Vins de Savoie blancs

Les blancs de Savoie ont en commun une belle fraîcheur et se montrent plus ou moins gras et complexes selon les cépages dont ils sont issus. Les vins à base de jacquère sont vifs, légers et friands, et conviennent parfaitement à l'apéritif, en accompagnement de feuilletés au beaufort ou au comté, ou de charcuteries servies sous forme de tapas. Ils s'entendent bien avec les préparations à base de poisson, comme une mousseline de truite fumée, une friture de petits poissons, des gougères relevées de poivre, ainsi qu'avec les plats à base de fromage comme les raclettes, fondues et tartiflettes.

Nés du cépage altesse, les vins de l'appellation roussette-de-savoie sont complexes et très fins, tandis que les vins-de-savoie portant la dénomination chignin-bergeron, issus de roussanne, sont frais et onctueux, délicatement fruités. Des vins racés et savoureux, aptes à vieillir quelques années, et parfaits pour accompagner les poissons de lac comme l'omble chevalier, la perche, la féra ou la truite. Ils feront également un bel accord avec un fromage savoyard, comme l'abondance, le beaufort ou le reblochon, ou un fromage de chèvre.

Vin-de-savoie rouge

Les rouges savoyards les plus réputés sont issus du cépage mondeuse. Ce sont des vins riches et de bonne structure, au fruité évoquant la cerise, le cassis et les épices douces, proches parfois des cuvées issues de la syrah produites dans le vignoble de la vallée du Rhône septentrionale.

Ils accompagnent une cuisine de caractère, riche et généreuse, qui assouplit le mordant des tanins associés à une vivacité assez présente. Ces vins se révèlent très aimables après quelques années d'élevage et, à maturité, ils sont en parfaite harmonie avec un carré de veau braisé accompagné d'un gratin dauphinois, une épaule d'agneau, un pigeon rôti ou une gigue de chevreuil.

LES VINS DU BUGEY ET LA GASTRONOMIE

Les vins blancs du Bugey sont dotés de beaucoup de fraîcheur et seront parfaits pour accompagner une poêlée de cuisses de grenouille, une truite aux amandes et de nombreux fromages, comme un vacherin crémeux à cœur. Les rouges profonds et épicés se plairont bien avec une terrine de gibier, une pièce de bœuf saignante ou une pintade rôtie. Enfin, rosés et blancs se déclinent en « méthode ancestrale », un effervescent délicat, idéal pour l'apéritif et avec les dessert à base de fruits.

LES VINS DU LANGUEDOC-ROUSSILLON ET LA GASTRONOMIE

Des portes de Nîmes à la frontière espagnole, le Languedoc-Roussillon est le plus vaste vignoble de France et produit tous les types de vins. Ceux-ci appellent une cuisine relevée, faisant la part belle aux aromates, aux épices et aux produits méditerranéens. Riches et profonds, les vins rouges s'accordent aux viandes rôties ou mijotées et, pour les plus puissants, aux préparations à base de gibier. Les blancs typés et harmonieux invitent à de savoureux mariages avec les produits de la mer cuisinés à l'huile d'olive, dont ils apprécient particulièrement le fruité. Les vins doux naturels du Roussillon sont, quant à eux, les compagnons tout désignés des desserts à base de chocolat.

LES VINS DU LANGUEDOC

Les vins rouges

Représentant la majorité de la production régionale, ces vins d'esprit résolument méditerranéen, savoureux et généreux, se plaisent avec une cuisine goûteuse à commencer par les viandes rôties, comme le lapin, l'agneau ou encore le porc. Une épaule d'agneau à la fleur de thym, un salmis de pigeonneau ou un filet mignon en cocotte souligneront la texture veloutée et les notes épicées d'un faugères, d'un minervois ou d'un

languedoc-pic-saint-loup. Ces cuvées s'entendront bien également avec les notes sucrées-salées d'un tajine ou d'une pastilla de pigeon.
Les garnitures à base de légumes d'été comme les tomates, poivrons ou aubergines, simplement grillés à la plancha et arrosés d'un filet d'huile d'olive, sont parfaites pour flatter le fruité généreux de ces vins solaires. L'âge venant, un corbières, un fitou ou un maury tiendront tête aux plats mijotés comme une fricassée de volaille, un civet de porcelet ou un cassoulet de Castelnaudary et, pour les amateurs, au caractère typé du sanglier ou du lièvre.

Les vins blancs

On trouve de plus en plus de vins blancs de très bonne qualité sur les terroirs de coteaux les plus frais ainsi que dans la zone littorale, à l'image du languedoc-picpoul-de-pinet qui produit des vins expressifs et fins, compagnons parfaits des coquillages de l'étang de Thau, à commencer par les fameuses huîtres de Bouzigues.
À la fois riches et frais, les blancs régionaux s'accordent parfaitement aux poissons de la Méditerranée préparés simplement, comme des moules farcies, une daurade royale rôtie au four, un loup grillé au fenouil, des filets de rougets accompagnés d'une tapenade d'olives noires, une bourride de lotte, une poêlée de seiches en persillade, ou la très méridionale bouillabaisse. Ils iront très bien également avec un fromage à pâte dure, comme un laguiole affiné à point, ou un pélardon, petit fromage de chèvre d'origine cévenole.

Les vins doux naturels à base de muscats

Avec les vins à base du cépage muscat, il est important de favoriser les préparations peu sucrées, mettant en valeur les fruits frais. De grande richesse, expressifs et fruités, ces VDN (vins doux naturels) offrent un équilibre séduisant entre fraîcheur et douceur. Ils conviennent pour l'apéritif et s'accordent simplement à une salade de fruits frais et aux pâtisseries à base de fruits blancs ou jaunes – comme une tarte au poire ou aux abricots –, de fruits exotiques – comme un carpaccio de mangue ou d'ananas – et enfin d'agrumes, comme une traditionnelle crêpe Suzette ou une tarte au citron.

Les effervescents : blanquette-de-limoux et crémant-de-limoux

Les vins effervescents de Limoux sont de trois types : la blanquette-de-limoux méthode ancestrale et méthode traditionnelle, et le crémant-de-limoux. Ce dernier est dominé par le chardonnay, tandis que le mauzac confère à la blanquette-de-limoux méthode traditionnelle son caractère typé. Des vins parfaits pour l'apéritif, les entrées à base de produits de la mer, les poissons simplement grillés et les fromages crémeux. La méthode ancestrale, légèrement douce, est parfaite pour accompagner la galette des rois.

LES VINS DU ROUSSILLON

Maury, banyuls, rivesaltes

Les vins doux naturels rouges du Roussillon subissent deux types d'élevage. Les plus traditionnels sont

longuement conservés au contact de l'oxygène (élevage oxydatif) et développent des arômes caractéristiques de fruits secs (raisin, amande), de fruits cuits, d'épices, de tabac, de torréfaction, et une note originale appelée rancio qui évoque la noix. Ils feront un bel accord sur les desserts riches en cacao et peu sucrés, marqués par une pointe d'amertume, que contrebalance la note sucrée du vin. Ils seront également en parfaite harmonie avec les nuances de café d'un gâteau Opéra, ou les notes de caramel, de miel ou d'épices.
Les vins de type rimage, mis en bouteille jeunes (à l'image des vins rouges secs) afin de préserver fraîcheur et fruité, se caractérisent par des arômes de cacao, d'épices douces et de fruits rouges et noirs compotés comme la cerise, la mûre, le sureau ou la fraise. Ils conviennent à tous les desserts dans lesquels on retrouve le caractère expressif de ces petits fruits, souvent sous la forme de coulis, et s'accordent très bien à un gâteau comme la Forêt noire.

Le petit cru de banyuls produit, entre autres, des rancios secs, vins de type oxydatif qui donnent un accord inoubliable avec les délicieux anchois de Collioure, confits au sel.

Les vins rosés

Il est à noter une production en progression constante de rosés fruités et complexes, adaptés aussi bien aux apéritifs composés de tapas, inspirés de la généreuse cuisine de l'Espagne voisine, qu'aux entrées, salades composées, terrines de poisson ou charcuteries.
Les cuvées les plus riches et vineuses permettent des accords originaux sur les cuisines asiatiques, sucrées-salées ou épicées.

Autres vins du Roussillon

Civet de langouste, boles de picolat (boulettes de viande), freginat de Baixas (ragoût), autant de spécialités régionales qui se plairont avec les vins du Roussillon, dans les trois couleurs, d'une remarquable fraîcheur.

LES VINS DE PROVENCE ET DE CORSE ET LA GASTRONOMIE

Le vignoble provençal et le vignoble corse font la part belle aux rosés qui représentent la grande majorité des volumes produits. Ils ont progressivement acquis leurs lettres de noblesse et offrent d'excellents vins d'apéritif comme des cuvées de grande gastronomie. Il est à noter la présence de quelques rosés vinifiés et élevés en fût, à l'origine d'accords très originaux avec la cuisine exotique. Ces deux vignobles produisent également des vins blancs de grande qualité et des rouges fins et savoureux. Issus pour la plupart de cépages autochtones qui leur confèrent beaucoup de personnalité, ils permettent d'excellents mariages avec les spécialités méditerranéennes.

LES VINS DE PROVENCE

Les vins rosés

Les rosés de Provence sont par excellence les vins de l'apéritif. Ils se plaisent bien avec un assortiment de tapas composé de produits de la mer, des rillettes de poisson relevées d'épices, des crudités servies avec une anchoïade, une tapenade d'olives noires ou encore la traditionnelle salade niçoise à base, entre autres, d'œufs durs, de tomates, de filets d'anchois et de basilic.

En entrée, ces cuvées mettent en valeur les saveurs très iodées des moules ou des oursins crus, relèvent de leurs arômes fruités et frais les poissons marinés, et se révèlent très gourmandes sur les sushis et sur les sashimis.

Ces rosés peuvent également accompagner tout un repas. Les plus riches et complexes seront parfaits sur des petits légumes farcis à la provençale, de la viande d'agneau relevée de fleur de thym ou encore un poisson cuisiné à l'huile d'olive. Quelques cuvées vinifiées et élevées en fût se révèlent intéressantes avec la cuisine thaïlandaise, les tajines marocains ou les curry indiens.

Les vins blancs

Frais et ronds, les blancs de Provence au fruité expressif sont d'excellents vins d'apéritif, qui s'entendent bien également avec les fruits de mer et les préparations à base de poisson cru. Tendres et savoureux, ils soulignent le fondant des poissons – loup, daurade royale ou rouget – simplement grillés, arrosés d'un filet d'huile d'olive et accompagnés de légumes d'été à la plancha. Ils s'entendent bien également avec les fromages de chèvre et de brebis, nombreux dans le sud de la France. Les cuvées les plus complexes, offrant des arômes typés de fleurs de garrigue et de fruits bien mûrs, accompagnent les poissons les plus nobles comme un loup grillé au fenouil, le traditionnel grand aïoli à la provençale, ou encore la bouillabaisse.

Vinifiés et élevés en barriques, certains blancs gras et complexes peuvent vieillir quelques années, ils se marient bien alors aux poissons et aux viandes blanches en sauce crémée, aux champignons et à la truffe, ainsi qu'aux fromages de chèvre affinés.

Les vins rouges

Jeunes, fruités et séveux, les rouges de la région accompagnent les charcuteries, les grillades parfumées d'herbes de Provence et les légumes d'été comme la ratatouille ou les aubergines frites à la tomate. Les rouges de moyenne garde, soyeux, fruités et épicés, s'harmonisent à la viande d'agneau, de cabri, au magret de canard et aux traditionnels pieds et paquets d'agneau à la provençale. On trouve également de nombreux rouges élevés en fût et aptes à la garde, qui se révèlent délicieux avec une viande en sauce, comme une daube de bœuf à la provençale, un civet ou un pigeon rôti.

LES VINS DE CORSE

Les vins rosés

Le vignoble corse produit beaucoup de rosés d'excellente qualité, des cuvées d'été pour la plupart, fraîches et délicates, au fruité immédiat. Cependant, on trouve des rosés à forte personnalité, véritables vins de gastronomie, généralement issus de l'encépagement traditionnel, offrant des arômes intenses de fruits et de fleurs de maquis. Ces vins amples et gras, qui gagnent en complexité après un séjour d'un à deux ans en cave, sont délicieux, comme les rouges les plus légers de la région, avec les charcuteries, les grillades accompagnées de légumes d'été, mais aussi avec de nombreuses spécialités à base de produits de la mer, comme le thon grillé, les rougets à la tapenade ou les encornets à la tomate.

Les vins blancs

Les plus typés nés du vermentino donnent des vins expressifs sans exubérance, très élégants et dotés d'une nette vivacité. Capables d'évoluer, ils s'expriment pleinement après un an ou deux en cave. Parfaits dès l'apéritif, les blancs corses secs et vifs s'associent à la cuisine à base de produits de la mer, à commencer par le traditionnel plateau de coquillages et les poissons grillés. Les plus complexes, également plus gras, seront parfaits sur les poissons cuisinés, les crustacés ou encore la bouillabaisse « corse ». Les fromages de chèvre s'associent très bien aux vins blancs, que l'on choisira plus ou moins riches selon le degré d'affinage des fromages.

Les vins rouges

Les vins dominés par le sciaccarellu, tendres et veloutés, sont dotés d'une agréable fraîcheur. Le niellucciu donne, quant à lui, des vins riches et puissants, capables de vieillir six ou sept ans. Jeunes, ces rouges accompagnent les charcuteries de l'île, à commencer par le fameux prisuttu, jambon sec à l'os, la coppa, le ficatellu, le lonzu et la panzetta. Ceci dit, c'est avec les viandes que ces cuvées complexes donnent les meilleurs accords : le cabri apprécié pour sa chair tendre et goûteuse, les volailles rôties, une côte de bœuf à la braise et, pour accompagner les rouges les plus puissants et évolués, le gibier et les viandes en sauce. Les fromages au lait de brebis, un peu secs, s'allient également très bien à la texture savoureuse d'un rouge évolué.

Muscat-du-cap-corse

Le muscat-du-cap-corse, tout en élégance, offre un équilibre séduisant entre fraîcheur et douceur maîtrisée, dévoilant un bouquet de raisin frais, d'agrumes, de coing, de rose et de fleur d'oranger. Aussi expressif que persistant et doté d'une rare complexité, on l'associera, en fonction de sa douceur plus ou moins prononcée, avec les entrées à base de foie gras, les crustacés relevés d'une sauce aigre-douce, un canard à l'orange, un fromage à pâte persillée comme le roquefort, et tous les desserts aux fruits frais. Certaines cuvées, après quelques années de garde, livrent des arômes de fruits secs, de figue, de cédrat confit, d'épices douces et de miel, qui mettront en valeur un nougat glacé, une croustade aux pommes ou des figues rôties au miel et aux amandes.

LES VINS DU SUD-OUEST ET LA GASTRONOMIE

Le vaste vignoble du Sud-Ouest regroupe des appellations aussi différentes qu'originales. Au sein des régions Midi-Pyrénées et Aquitaine, les AOC sont réparties entre le Pays Basque et les contreforts de l'Aubrac et produisent, sous une même bannière, pratiquement tous les types de vins, d'une grande diversité de styles, et issus d'une très large variété de cépages. Des blancs frais et fruités aux rouges de garde, en passant par de gourmands rosés et de séduisants moelleux, autant de vins qui conviennent à une cuisine riche et goûteuse, à l'image des généreuses spécialités régionales.

Les vins rouges

Les vins les plus souples et fruités, côtes-de-duras, saint-mont, béarn, marcillac ou irouléguy, servis à la température de la cave, accompagnent agréablement les charcuteries comme les pâtés en croûte, les terrines, les jambons secs et le saucisson, mais également les feuilletés à la viande, une salade au magret fumé et gésiers confits, les volailles rôties et les fromages de la région comme la tomme des Pyrénées. Les vins frais et suaves des appellations gaillac ou fronton, au caractère savoureux, se plaisent bien avec les charcuteries fumées, l'andouille de Guéméné ou une terrine de gibier. Jeunes, ils souligneront le caractère juteux d'une pièce de bœuf saignante et, pour un accord plus rustique, le fondant du boudin noir grillé.

Plus âgés, ils seront parfaits avec une tourte de faisan aux cèpes ou des rognons de veau braisés. Après quelques années en cave, les cuvées élevées en fût seront parfaites sur les viandes mijotées au vin rouge et sur les fromages à pâte dure.
Les vins riches et tanniques, de plus ou moins longue garde, comme les cahors, madiran, pécharmant, bergerac ou buzet, flatteront les chairs juteuses d'un carré d'agneau ou d'un magret grillé sur la peau. Ils soulignent la finesse des volailles festives de type chapon ou poularde, et se fondent à merveille au juteux de la viande de bœuf. Pour un accord régional, on retiendra un confit, un foie gras poêlé et un cassoulet. Après dix à quinze ans de garde, ces cuvées atteignent leur apogée et révèlent des arômes de sous-bois, de champignons et d'épices en parfaite harmonie avec les plats à base de gibier, les civets, les cèpes et les truffes.

Les vins rosés

Des vins au fruité expressif, frais et gourmands ou vineux et savoureux, dont l'appellation fronton s'est fait une spécialité. Ils conviennent parfaitement à l'ensemble des mets qui s'associent aux vins rouges légers, et sont par excellence les vins de casse-croûte, de pique-nique et de repas d'été faits de salades et de grillades. Ils tranchent avec la note un peu grasse des charcuteries.

Les vins blancs secs

Frais et typés, offrant une palette aromatique aussi originale que complexe, les blancs secs sont produits par un grand nombre d'appellations, comme jurançon, gaillac, bergerac, ou encore côtes-de-gascogne. Des vins savoureux, entre fraîcheur et richesse aromatique, qui sont parfaits dès l'apéritif et s'associent aux préparations à base de produits de la mer, rillettes de sardine, poissons fumés, tartares, ceviches et autres carpaccio, sushis et sashimis. Parfaits aussi pour accompagner les coquillages, une terrine de lapin, un poisson ou une viande blanche. Certaines cuvées élevées sur lies fines ou vinifiées et élevées en fût révèlent leur potentiel après quelques années de cave. Ces blancs gras et opulents, offrant volume et longueur en bouche, appellent un foie gras mi-cuit, des crustacés, des poissons ou des volailles en sauce.
L'appellation gaillac produit des effervescents frais et légers qui rentrent dans la catégorie des vins blancs secs. Ils sont parfaits à l'heure de l'apéritif et, pour la note festive, avec les plats qui conviennent aux blancs secs et fruités à boire jeunes.

Les vins blancs moelleux

Pacherenc-du-vic-bilh, jurançon, monbazillac ou encore gaillac moelleux sont les exemples les plus connus de ces vins riches et suaves, d'une grande finesse, qui s'accordent de façon classique avec le foie gras mi-cuit, les poissons d'eau douce, les viandes et les volailles à la crème et la délicatesse des ris de veau. De par leur fraîcheur et leurs arômes finement exotiques, ils se marient aux saveurs aigres-douces des tajines ou de la cuisine chinoise et feront un bel accord avec les desserts à base d'agrumes, de fruits blancs, jaunes ou exotiques, comme une tarte aux abricots ou aux pêches, ou une Tatin d'ananas. Ces vins accompagnent également de façon très originale et gourmande les fromages persillés.

LES VINS DE LA VALLÉE DE LA LOIRE ET LA GASTRONOMIE

Le vignoble de la vallée de la Loire est l'un des plus vastes et des plus étendus de France. Du Pays nantais à la région Centre, une large palette d'appellations met en valeur une grande diversité de cépages et de terroirs, offrant tous les types de blancs ainsi que des rouges tendres et frais. Des vins très complémentaires, propres à mettre en valeur la riche gastronomie régionale, et au-delà, les spécialités à base de produits de la mer, les charcuteries, et le meilleur des préparations à base de viandes. Il est à noter que le vignoble ligérien produit, entre autres, quelques-uns des plus grands liquoreux français, nés du cépage chenin. Des vins d'une remarquable complexité et d'une grande capacité de garde et d'évolution.

LES VINS BLANCS SECS

Les vins issus de chenin

Les appellations savennières, vouvray ou encore montlouis-sur-loire produisent des vins secs racés et savoureux, d'une minéralité surprenante. Ces blancs à forte personnalité feront merveille, dès l'apéritif, sur des toasts de rillettes de poisson ou encore d'œufs de truite. Ils s'entendront bien également avec une cuisine de caractère, à commencer par les charcuteries locales. Ils opposent une vivacité bienvenue au gras des rillettes et des andouillettes, tranchent avec le fondant du saumon ou de l'anguille fumée, et sont parfaits sur une friture de cuisses de grenouille ou un fromage de chèvre sec. L'âge venant, ces cuvées s'harmonisent avec la délicatesse de la chair des poissons de rivière ou avec le fondant d'une belle volaille ou d'un carré de veau rôtis.

Les vins issus de sauvignon
L'appellation sancerre, l'un des terroirs de prédilection du cépage sauvignon blanc, donne des vins d'une très grande précision aromatique et d'une structure tranchante. Jeunes, les sancerres blancs s'entendent bien avec les poissons à chair grasse, comme un saumon sauce à l'oseille, pour un mariage très tonique. Dans un registre plus original, l'accord est parfait avec des langoustines poêlées relevées de gingembre et, plus classiquement, avec un assortiment de fromages de chèvre semi-affinés.
L'appellation pouilly-fumé produit, quant à elle, des cuvées d'une remarquable finesse et d'une grande minéralité. Dotés d'une texture tendre et élégante, ces vins se caractérisent par des arômes d'agrumes, de fleurs blanches et de pierre à fusil. Ils s'harmonisent parfaitement avec les notes épicées de la cuisine asiatique et soulignent le fondant et la délicatesse d'un carpaccio de saint-jacques et des poissons fumés. Après quelques années de garde, ils accompagneront à merveille fromages de chèvre affinés, mais aussi volailles rôties ou mijotées dans une sauce légèrement crémée.

Les vins issus de melon de Bourgogne
Les vins du muscadet sont trop souvent mésestimés. Ils sont, à juste titre, considérés comme les meilleurs compagnons des coquillages. Savoureux, offrant des arômes de fleurs blanches et d'agrumes, ainsi qu'une note légèrement iodée, ils en soulignent le caractère frais et primaire, pour un accord très tonique. Cependant, il ne faut pas négliger certaines cuvées de garde, riches et structurées, qui permettent de très bons accords avec ces mêmes coquillages cuisinés, comme des huitres gratinées, une poêlée de coquilles Saint-Jacques relevées de zestes d'agrumes ou des gambas grillées.

Les vins blancs doux
Coteaux-du-layon, bonnezeaux, coteaux-de-l'aubance, quarts-de-chaume, vouvray ou encore montlouis-sur-loire, produisent de superbes vins doux issus du cépage chenin, parfaitement équilibrés, entre fraîcheur et douceur. Demi-secs, moelleux ou liquoreux, ils constituent des vins d'apéritif très agréables et sont parfaits pour mettre en valeur un foie gras mi-cuit. Ils se plaisent également avec des plats asiatiques ou orientaux, comme un travers de porc au caramel et gingembre frais, un canard laqué, des crevettes sautées à l'ananas, un tajine de poulet au citron confit ou une pastilla de pigeon. Ils accompagnent, bien sûr, la plupart des desserts à base de fruits jaunes et blancs, à commencer par les tartes. Les desserts à base de

fruits exotiques ou d'agrumes, comme des beignets d'ananas flambés ou un bavarois à l'orange et cédrat confit, font écho aux arômes originaux et à la vivacité des vins, offrant des alliances très originales.

Les plus grandes cuvées, sur les très vieux millésimes, peuvent s'apprécier seules, pour elles-mêmes.

Les vins rouges

Dominées par le cabernet franc, parfois assemblées au cabernet-sauvignon, les appellations anjou-villages, bourgueil, saint-nicolas-de-bourgueil, chinon ou encore saumur-champigny sont à l'origine de vins fruités et épicés, denses et expressifs, qui se révèlent très gourmands en accompagnement de plats de bistrot comme une terrine de bœuf en gelée, des pieds de porc grillés ou une tête de veau sauce gribiche, le caractère un peu végétal du cabernet franc s'opposant agréablement aux sauces légèrement acides à base de moutarde ou de vinaigre. Après quelques années de garde, ces cuvées conviennent parfaitement aux abats rouges, comme les rognons ou le foie, aux viandes mijotées, comme un civet de lapin ou un coq au vin, ou rôties, comme une volaille ou un gigot d'agneau, ainsi qu'aux gibiers.

Les vins rosés

Le vignoble de la vallée de la Loire est également à l'origine de rosés, frais, gourmands, au fruité pimpant. Ces vins accompagnent traditionnellement les charcuteries et, pour un accord plus original, des gambas servies avec une sauce cocktail, une viande froide ou une salade composée. Le cabernet-d'anjou, rosé demi-sec aux notes typées de framboise, convient bien aux cuisines asiatiques et orientales ainsi qu'aux desserts à base de petits fruits rouges.

LES VINS DE LA VALLÉE DU RHÔNE ET LA GASTRONOMIE

Le vignoble de la vallée du Rhône est partagé en deux entités qui produisent chacune des vins aux caractères bien distincts. Dans la partie septentrionale, rouges racés et blancs opulents, plus ou moins vifs, accompagnent une riche gastronomie aux accents lyonnais et ardéchois, jusqu'aux spécialités des plaines de l'Isère et de la Drôme. Dans la zone méridionale, les vins se font plus chaleureux, généreux et typés, tandis que la cuisine emprunte largement au patrimoine culinaire provençal. Une diversité de terroirs et d'encépagements qui permet de produire l'une des gammes de vins les plus diversifiées de France, à commencer par les côtes-du-rhône, compagnons incontestés de la cuisine de bistrot.

LES VINS SEPTENTRIONAUX

Les vins rouges

Élaborés à base du cépage syrah, qui leur confère leur personnalité, les rouges septentrionaux ont comme trait commun d'être fins et élégants, et plus ou moins corsés selon les terroirs. Si les vins de l'appellation crozes-hermitage sont assez rapidement prêts à boire, ceux des crus côte-rôtie ou cornas, demandent à vieillir pour se patiner. Ces vins aux arômes typés de fruits noirs, de violette, de cacao, ou encore de poivre, donnent d'excellents accords avec les viandes saignantes ou rosées, comme un filet de bœuf en croûte, un magret de canard sauce poivrade ou un pigeon rôti. Sur l'évolution, les notes de sous-bois, de truffe et d'épices douces conviennent aux gibiers et aux viandes en sauce au vin, comme une daube de bœuf ou un civet de lièvre.

Les vins blancs

Les blancs de la vallée du Rhône septentrionale sont marqués par la grande finesse et le bouquet élégant du cépage roussanne, qui offre des arômes typés d'abricot, d'aubépine ou encore de chèvrefeuille, et par la richesse et la générosité de la marsanne. Ces vins, qui associent délicatesse et fraîcheur minérale, tempérées par beaucoup de gras, sont capables d'accompagner une friture de poissons, des cuisses de grenouille en persillade, des écrevisses à la nage, ou encore une cuisine qui fait appel à la crème ou au fromage, comme des quenelles ou des ravioles de Romans.
Le condrieu blanc, à la fois frais et gras, issu du seul cépage viognier, ou encore les blancs tranquilles ou effervescents de l'appellation saint-péray, seront parfaits sur les fromages de chèvre de la région, comme le picodon ou la rigotte, et sur le fondant d'un saint-marcellin.

LES VINS MÉRIDIONAUX

Les vins rouges

Côtes-du-rhône et côtes-du-rhône-villages en tête, les vins rouges méridionaux sont issus de l'assemblage de différents cépages. Le grenache apporte aux cuvées charnu et notes chaleureuses, la syrah et le mourvèdre, couleur et trame tannique, et le cinsault, grande souplesse et vivacité. Les vins sont donc plus ou moins denses, riches et profonds, et ont en commun d'être généreux et dotés d'arômes expressifs de fruits noirs très mûrs, de garrigue, d'épices douces, de réglisse ou encore de tapenade. Ils demandent une cuisine au caractère méridional et apprécient l'huile d'olive, les herbes aromatiques, l'ail et les épices douces. Ils seront parfaits sur un gigot d'agneau rôti à la fleur de thym, un lapin aux olives picholines ou des légumes d'été, comme des aubergines frites servies avec une sauce tomate.
Les crus les plus prestigieux, à l'image des châteauneuf-du-pape ou des gigondas, se caractérisent par une structure tannique qui se patine après quelques années de garde, et des arômes de fruits mûrs et d'épices qui évoluent avec le temps vers des notes animales, de sous-bois et de truffe. Ils demandent des mets de caractère comme une gardiane de taureau, un salmis de pigeon, un lièvre à la royale, un civet de sanglier et, pour les occasions festives, des plats à base de truffes noires.

Les vins rosés

Tendres et expressifs, les vins rosés de la région peuvent être légers ou légèrement vineux, et sont parfaits au moment de l'apéritif servis avec quelques olives, des toasts de tapenade ou des tapas. Le temps d'un repas, ils accompagneront de façon gourmande les salades composées, les charcuteries, les poissons grillés à la plancha assaisonnés d'un filet d'huile d'olive, les légumes d'été et les viandes grillées à la braise ou, encore, le caractère aigre doux et un peu épicé des cuisines marocaines ou asiatiques.

Les vins blancs

Les vins blancs des côtes-du-rhône sont ronds, plutôt gras et expressifs, dévoilant des arômes de fruits blancs et jaunes bien mûrs, de menthe fraîche, de fenouil et de résine, évoquant la garrigue. L'appellation châteauneuf-du-pape produit des blancs généreux et amples, aux arômes caractéristiques des blancs de la région, enrichis de notes épicées, de fruits secs et parfois, d'une touche de miel.
Autant de vins qui s'accordent aux poissons de la Méditerranée cuisinés à l'huile d'olive, accompagnés de légumes confits et d'herbes aromatiques, comme des rougets grillés ou un assortiment de poissons à la plancha, aux crustacés grillés ou en sauce, ou encore aux viandes blanches en sauce crémée. Pour un accord régional typique, un costières-de-nîmes accompagnera parfaitement une brandade de morue, et un châteauneuf-du-pape, gras et opulent, soulignera la richesse d'une daurade braisée ou d'un loup grillé au fenouil.

LES VINS DOUX NATURELS

Le muscat-de-beaumes-de-venise au caractère moelleux offre un nez de fleur fraîche évoquant la rose, de fruits jaunes et blancs bien mûrs, de fruits exotiques, d'agrumes, de menthe et de miel. En bouche, rondeur et suavité sont équilibrées par une agréable fraîcheur. Ce vin donnera un accord gourmand et très complet avec un foie gras poêlé servi sur une garniture de fruits frais. Il sera également parfait sur des pâtisseries à base de fruits blancs et jaunes, comme une tarte aux pêches caramélisée ou un crumble aux poires, à base de fruits exotiques, comme un carpaccio de mangue au miel de lavande, ou à base d'agrumes, comme des crêpes Suzette. Enfin, il sera l'occasion de mariages aussi originaux que subtils sur les cuisines asiatiques au caractère salé-sucré.

Le rasteau

L'appellation rasteau produit un vin doux naturel rouge qui peut être ambré, blanc, grenat, rosé ou tuilé, et qui développe un bouquet puissant de fruits rouges et noirs bien mûrs, de pruneau, de chocolat, de moka, ou encore de miel, de garrigue ou de caramel au lait. En bouche apparaissent les épices douces tandis que les tanins se révèlent veloutés et fondus. Selon qu'il est fruité ou, au contraire, de type oxydatif, le rasteau convient aux desserts à base de fruits rouges et noirs, ou proposent d'excellents mariages sur les desserts riches en cacao ou en café, agrémentés de fruits secs, de miel ou de caramel.

LES ACCORDS METS & VINS

Les entrées

Froides ou chaudes, les entrées sont souvent constituées de préparations simples et savoureuses, qui s'accordent aux vins souples à boire sur le fruit, révélateurs d'arômes et de saveur. On évitera de solliciter les papilles avec des vins opulents, afin de préserver le palais pour la suite du repas. La charcuterie appelle des vins gouleyants fleurant bon le terroir, les plateaux de fruits de mer, un champagne, les préparations à base de poisson et de fruits de mer, des blancs frais et onctueux. Quant au foie gras, il n'est pas réservé aux vins doux.

Préparation : 20 min | **Cuisson :** 16 min | **Facile** | **Coût :** €€

Aumônière au foie gras

Pour 4 personnes

- 150 g de foie gras de canard cru
- 5 feuilles de brick
- 8 échalotes
- 1 bouquet de ciboulette
- 1 cuil. à soupe de crème fleurette
- 20 cl de bouillon de volaille
- 2 cuil. à soupe d'huile de tournesol
- fines herbes
- sel
- poivre

1. Préchauffez le four à 220 °C (th. 7). Épluchez les échalotes et émincez-les. Faites frémir une casserole d'eau légèrement salée. Jetez-y les échalotes et laissez-les blanchir 1 min, à petits frémissements.

2. Égouttez les échalotes et replacez-les dans la casserole avec le bouillon de volaille. Laissez-les cuire 10 min jusqu'à ce qu'elles soient réduites en purée.

3. Passez les échalotes au chinois et écrasez-les bien. Remettez cette purée dans la casserole et ajoutez la crème. Salez et poivrez.

4. Coupez le foie gras en dés, puis incorporez-le à la purée d'échalotes. Laissez fondre doucement.

5. Découpez 4 ronds dans une feuille de brick. Posez chaque rond au centre d'une feuille de brick huilée à l'aide d'un pinceau.

6. Déposez un peu de farce au centre de chaque rond. Refermez et liez avec 1 brin de ciboulette. Enfournez 5 min. Servez avec éventuellement des fines herbes hachées pour décorer.

VIN RECOMMANDÉ : **CHAMPAGNE DEMI-SEC**

Une recette qui met en valeur le fondant du foie gras chaud, complété de la pointe de douceur des échalotes confites, et qui demande un vin tendre aux arômes de fruits blancs et jaunes légèrement compotés, comme un champagne blanc demi-sec. Le moelleux du vin est équilibré par sa vivacité, et n'est là que pour souligner le caractère tendre et suave de la préparation. Un accord gourmand qui reprend le principe classique du vin doux sur le foie gras, mais en favorisant une finale toute en fraîcheur.

Autres accords : champagne extra-dry, champagne sec, condrieu, saint-mont blanc.

Préparation : 30 min | **Cuisson :** 40 min | **Difficile** | **Coût :** €€€

Bisque de langoustine

Pour 6 personnes

- 16 langoustines moyennes
- 2 tomates
- 1 carotte
- 1 oignon
- 2 gousses d'ail
- 1 cuil. à soupe de concentré de tomate
- 10 cl de vin blanc
- 15 cl de crème liquide
- 40 g de beurre
- 4 cuil. à soupe d'huile d'olive
- sel
- poivre

Matériel

- mixeur à bras
- passoire fine

1. Épluchez tous les légumes, taillez-les en petits morceaux. Décortiquez délicatement les langoustines, concassez les carapaces.

2. Dans une grande casserole, faites chauffer 2 cuil. à soupe d'huile d'olive et faites saisir les carapaces des langoustines 3 min à feu vif. Ajoutez les légumes et le concentré de tomate, laissez cuire 5 min en remuant. Versez le vin blanc dans la casserole, puis couvrez d'eau à hauteur. Salez, poivrez et laissez cuire à feu moyen pendant 30 min.

3. Filtrez le fumet de langoustine dans une casserole propre, ajoutez la crème, laissez cuire 10 min à feu moyen pour obtenir une consistance légèrement épaisse. Ajoutez le beurre en morceaux puis, à l'aide du mixeur à bras, mixez la bisque.

4. Au moment de servir, faites chauffer le reste d'huile d'olive dans une poêle et faites-y cuire les langoustines pendant 2 min. Servez aussitôt avec la bisque.

Conseil : Pour renforcer le goût du fumet, vous pouvez ajouter 5 étrilles concassées aux langoustines.

VIN RECOMMANDÉ : **CÔTES-DU-RHÔNE-VILLAGES BLANC**

Un délicat bouillon aux parfums de la mer, adouci par une touche de crème, qui donnera un accord très savoureux avec un vin blanc gras et aromatique, comme un côtes-du-rhône-villages blanc. Ce vin allie la rondeur et l'onctuosité des blancs méridionaux à un bouquet intense de fruits jaunes et exotiques très mûrs, agrémenté de quelques notes d'épices douces et de parfums floraux et balsamiques évoquant la garrigue. Un contexte ensoleillé qui fera écho à la garniture d'ail, de tomate et d'huile d'olive.

Autres accords : côtes-du-rhône blanc, entre-deux-mers, languedoc rosé, lirac rosé.

Préparation : 10 min | **Marinade :** 1 h | **Cuisson :** 10 min | **Facile** | **Coût :** €€

Calamars grillés à l'ail et au piment

Pour 4 personnes

- 1 kg de blancs de calamars nettoyés
- 4 gousses d'ail
- le jus d'1 citron
- 1 cuil. à café de piment en poudre
- 4 cuil. à soupe d'huile d'olive
- sel
- poivre

1. Rincez et séchez les blancs de calamars et coupez-les si besoin pour avoir des morceaux bien plats. Déposez-les dans un plat creux. Épluchez et écrasez l'ail, pressez le citron et mélangez-les dans un bol avec l'huile d'olive, le piment, du sel et du poivre. Versez sur les calamars et laissez mariner 1 h.

2. Égouttez et faites griller 8 à 10 min à la poêle en arrosant avec la marinade en cours de cuisson.

VIN RECOMMANDÉ : **TURSAN BLANC**

Une préparation simple et ensoleillée, marquée par le goût prononcé de l'huile d'olive, le caractère un peu végétal de l'ail et le piquant du piment, qui appellent un blanc sec à la fois frais, ample, et très bouqueté comme un tursan blanc. À base des cépages baroque et gros manseng, ce vin apportera suffisamment de gras pour équilibrer la texture serrée et charnue des calamars, ainsi qu'une riche palette aromatique dominée par les fruits blancs bien mûrs et les fleurs blanches, capable de tenir tête aux parfums intenses de l'assaisonnement.

Autres accords : bergerac blanc, collioure rosé, corbières blanc, côtes-du-rhône-villages blanc.

Préparation : 20 min | **Congélation :** 1 h | **Facile** | **Coût :** €€€

Carpaccio de bar aux olives

Pour 4 personnes

- 600 g de bar en filet
- 12 olives noires
- 12 olives vertes
- 1 oignon
- 4 brins de menthe
- 3 brins de thym frais
- 1 cuil. à soupe de graines de cumin
- 2 cuil. à soupe d'huile d'arachide
- 3 cuil. à soupe d'huile d'olive
- 2 cuil. à soupe de vinaigre balsamique
- sel
- poivre noir

1. Pour couper facilement le bar désarêté en carpaccio, enveloppez-le bien serré dans du film alimentaire et placez-le au congélateur pendant 1 h.

2. Retirez le film et, avec un couteau bien aiguisé, coupez le poisson en très fines lamelles. Trempez un pinceau dans l'huile d'arachide et enduisez-en 4 grandes assiettes. Déposez le carpaccio de bar en rosace, arrosez de vinaigre balsamique et réservez au frais.

3. Dénoyautez les olives et hachez-les, réservez-en 4 juste coupées en deux pour la décoration. Effeuillez les brins de menthe et de thym, et ciselez très finement les feuilles. Taillez finement l'oignon.

4. Mélangez tous ces ingrédients dans un bol, ajoutez l'huile d'olive, du sel, du poivre et le cumin. Répartissez sur les tranches de poisson et gardez les assiettes au réfrigérateur jusqu'au moment de servir.

Variante : Remplacez le bar par de la daurade, de la rascasse ou du rouget soigneusement désarêté.

VIN RECOMMANDÉ : **CÔTES-DU-RHÔNE-VILLAGES BLANC**

La chair fondante du bar, appelé loup en Méditerranée, est ici assouplie par une marinade très aromatique, parfumée de fines herbes, de cumin, d'huile d'olive et de vinaigre balsamique. Une garniture au caractère sudiste qui demande un vin blanc gras et tout aussi expressif, à l'image d'un côtes-du-rhône-villages blanc. Ce vin typé, au bouquet intense de fruits jaunes et de fruits exotiques bien mûrs, équilibrera la note fruitée des olives et soulignera de son onctuosité le moelleux des fines escalopes de poisson.

Autres accords : bourgogne-côte-chalonnaise blanc, cassis blanc, côtes-du-rhône-villages-laudun blanc, crozes-hermitage blanc.

Préparation : 15 min | **Facile** | **Coût :** €€€

Carpaccio de cèpes au parmesan

Pour 4 personnes

- 400 g de cèpes bien fermes
- 125 g de roquette
- 1 gousse d'ail
- 60 g de parmesan détaillé en fins copeaux
- 2 cuil. à soupe de vinaigre balsamique
- 4 cuil. à soupe d'huile d'olive
- sel
- poivre du moulin

1. Préparez une vinaigrette en émulsionnant l'huile d'olive avec le vinaigre, la gousse d'ail épluchée et écrasée, du sel et du poivre.

2. Nettoyez et essorez la salade. Mettez-la dans un saladier et assaisonnez-la avec la moitié de la vinaigrette. Mélangez et répartissez la roquette sur 4 assiettes.

3. Nettoyez les cèpes en évitant de les mouiller ou du moins sans le faire à grande eau. Essuyez-les avec un torchon propre et coupez-les en fines lamelles dans le sens de la hauteur. Disposez-les sur la roquette et arrosez-les du reste de sauce.

4. Au moment de servir, parsemez le carpaccio de copeaux de parmesan et donnez un tour de moulin à poivre.

Variante : Pour une entrée plus copieuse, ajoutez quelques fines lamelles de jambon de Parme et/ou une figue coupée en quatre.

VIN RECOMMANDÉ : **SAINT-VÉRAN**

Une façon très originale de valoriser les cèpes, qui sont servis crus, en fines lamelles et simplement assaisonnés d'une vinaigrette à l'ail. Les copeaux de parmesan apportent une note piquante un peu salée et la roquette une pointe d'amertume caractéristique. Un saint-véran, blanc sec, rond et minéral, fruité et marqué par des arômes floraux rappelant l'acacia, le chèvrefeuille et des notes de fougère, d'amande fraîche, de noisette et d'agrumes, tiendra tête au caractère végétal de la garniture du plat et soulignera de sa fermeté un peu minérale le léger croquant du cèpe.

Autres accords : bellet blanc, chablis, limoux blanc, puligny-montrachet blanc.

Préparation : 20 min | **Réfrigération :** 1 h | **Facile** | **Coût :** €€€

Carpaccio de foie gras aux figues

Pour 4 personnes

- 1 lobe de foie gras de canard cru bien froid (env. 400 g)
- 8 figues violettes mûres
- 250 g de mesclun ou de mâche
- 100 g de cheddar vieux
- 1 cuil. à soupe d'huile d'arachide
- 1 cuil. à soupe de vinaigre de vin aromatisé au jus de truffe
- fleur de sel
- poivre du moulin

Pour la vinaigrette :

- 2 cuil. à soupe d'huile d'olive
- 1 cuil. à soupe d'huile de truffe blanche
- 2 cuil. à soupe de vinaigre de vin
- 1 échalote hachée finement
- sel
- poivre du moulin

1. Lavez et séchez, puis équeutez les figues. Émincez-les.

2. Lavez et triez la salade. Répartissez-la sur 4 assiettes badigeonnées de vinaigre et d'huile. Disposez-y les lamelles de figues en rosace. Salez, poivrez.

3. Tranchez finement le cheddar et le foie gras. Déposez-les en rosace sur la salade et les figues. Nappez de vinaigrette et réfrigérez 1 h avant de servir.

VIN RECOMMANDÉ : **GRAVES SUPÉRIEURES**

Le fondant du foie gras fait écho à la finesse de la chair de la figue pour un mariage salé-sucré qui appelle un vin blanc liquoreux de bonne fraîcheur et à la douceur maîtrisée. Un vin de l'appellation graves supérieures, souple et élégant, aux arômes marqués de fruits et de fleurs blanches sera en parfaite harmonie. Le moelleux du vin dompte le caractère sucré du plat et permet un accord tonique et gourmand, que prolongent les arômes puissants de la truffe et la note un peu piquante du cheddar vieux.

Autres accords : clairette-du-languedoc, côtes-de-bordeaux-saint-macaire, jurançon, sainte-croix-du-mont.

Préparation : 20 min | **Réfrigération :** 30 min | **Facile** | **Coût :** €€€

Ceviche de bar aux fenouils

Pour 4 personnes

- 600 g de filets de bar (sans peau ni arête)
- 2 bulbes de fenouil
- ½ citron jaune
- 1 pamplemousse rose
- 1 cuil. à café de graines de cumin
- 6 cuil. à soupe d'huile d'olive fleur de sel
- poivre du moulin

1. Coupez les filets de bar en cubes. Lavez et émincez finement les bulbes de fenouil, mettez de côté les petites pluches vertes.

2. Pressez le ½ citron et le pamplemousse dans un saladier. Ajoutez-y l'huile d'olive et les graines de cumin. Assaisonnez et fouettez cette marinade à l'aide d'une fourchette.

3. Ajoutez les cubes de poisson et le fenouil émincé dans le saladier, mélangez le tout. Placez au frais pendant 30 min. Décorez de pluches de fenouil et servez.

VIN RECOMMANDÉ : **LIRAC BLANC**

Ce ceviche met en valeur le fondant de la chair du bar cru, appelé loup en Méditerranée, alliée à une garniture aromatique relevée, qui mêle l'acidité du citron et du pamplemousse rose, à la fraîcheur végétale du fenouil frais et des graines de cumin. Un lirac blanc, cru de la rive droite du Rhône, livrera ses arômes complexes de fleurs blanches, d'anis, de pêche et de fruits exotiques, pour un accord ton sur ton avec le plat, et combinera sa texture fine et délicate avec la légèreté de l'ensemble.

Autres accords : alsace sylvaner, clairette-de-bellegarde, collioure blanc, côtes-du-rhône-villages blanc, saint-péray.

Préparation : 20 min | **Réfrigération :** 20 min | **Facile** | **Coût :** €€€

Ceviche de daurade exotique

Pour 4 personnes

- 400 g de filets de daurade (sans peau ni arête)
- 2 citrons verts
- 1 orange
- ½ mangue
- ¼ de noix de coco fraîche
- 1 piment oiseau
- 1 morceau de gingembre d'environ 2 cm
- 20 cl de lait de coco
- fleur de sel
- poivre du moulin

Matériel

- mandoline

1. Prélevez le zeste de l'orange et pressez-la avec les citrons verts dans un grand saladier. Ajoutez les filets de daurade taillés en gros cubes et placez au frais, le temps de préparer la suite.

2. Coupez le piment en deux, retirez-en les graines puis hachez-le ainsi que le gingembre préalablement pelé. Pelez la demi-mangue et coupez-la en cubes. Réalisez de fins copeaux de noix de coco avec une mandoline ou à l'aide d'un couteau bien aiguisé.

3. Ajoutez tous ces ingrédients dans le saladier contenant la daurade, versez le lait de coco, assaisonnez et placez au réfrigérateur pendant 20 min avant de servir.

Variante : Vous pouvez remplacer la mangue par un avocat bien mûr.

VIN RECOMMANDÉ : **CHAMPAGNE BRUT MILLÉSIMÉ**

Un plat qui se caractérise par une large palette de parfums exotiques et s'associera agréablement à un champagne millésimé, capable de se bonifier comme un grand vin blanc de garde, et ayant légèrement évolué vers des arômes un peu confits rappelant les fruits jaunes, la mangue bien mûre et les épices douces. La rondeur du vin soulignera le fondant et le moelleux de la chair de la daurade simplement assouplie par l'acidité du citron vert et de l'orange, tandis que les arômes se mêleront harmonieusement.

Autres accords : bellet blanc, champagne brut blanc de blancs, champagne extra-brut, jasnières.

Préparation : 20 min | **Réfrigération :** 15 min | **Facile** | **Coût :** €€

Ceviche de maquereaux aux agrumes

Pour 4 personnes

- 6 filets de maquereaux
- 1 petit piment
- 2 oignons nouveaux
- ½ botte de coriandre
- 3 oranges
- 2 pamplemousses
- 4 cuil. à soupe d'huile d'olive vierge extrait
- sel
- poivre

1. Taillez les filets de maquereaux en lamelles. Coupez le piment en deux, retirez-en les graines puis hachez-le.

2. Lavez puis émincez les oignons nouveaux et la coriandre.

3. Pressez et versez le jus des agrumes dans un saladier, ajoutez le piment, les oignons, la coriandre, l'huile d'olive et les morceaux de poisson.

4. Salez, poivrez et placez au frais pendant 15 min avant de déguster.

VIN RECOMMANDÉ : **CÔTES-DE-PROVENCE BLANC**

Ce plat tout en fraîcheur se mariera bien avec un vin blanc vif aux arômes d'agrumes, que l'on choisira dans la vaste appellation côtes-de-provence. Des blancs équilibrés et étoffés, à la texture savoureuse, qui mettront en valeur la chair crue du maquereau mariné et l'expression aromatique de la garniture. Les notes délicatement végétales de l'oignon nouveau, de la coriandre et du piment s'équilibreront avec le caractère séveux du vin et son bouquet généreux et intense. **Autres accords : anjou blanc, blaye-côtes-de-bordeaux blanc, côtes-du-rhône blanc, graves blanc.**

Préparation : 15 min | **Cuisson :** 30 min | **Repos :** 1 h | **Assez facile** | **Coût :** €€

Courgettes farcies à la morue, beurre roquette-parmesan

Pour 4 personnes

- 2 belles courgettes
- 150 g de morue dessalée
- 1 oignon
- 1 gousse d'ail
- poivre du moulin

Beurre de roquette et parmesan :

- 25 g de beurre demi-sel à température ambiante
- 15 g de parmesan râpé
- 1 poignée de roquette

Matériel

- hachoir
- film alimentaire

1. Préparez le beurre de roquette et parmesan : dans un saladier, travaillez le beurre à la fourchette jusqu'à ce qu'il prenne la consistance d'une pommade. Hachez la roquette. Incorporez- la au beurre, ainsi que le parmesan râpé. Mélangez jusqu'à l'obtention d'une texture homogène.

2. Placez le beurre composé sur du film alimentaire et façonnez- le en rouleau en prenant soin de fermer les deux extrémités. Réservez au frais 1 h. Préchauffez le four à 180 °C (th. 6). Épluchez et hachez l'oignon. Lavez et coupez les courgettes en deux, dans le sens de la longueur. Évidez-les avec une cuillère, gardez la chair. Émiettez la morue, écrasez l'ail et hachez l'oignon.

3. Dans un saladier, mélangez la morue, la chair de courgette, l'ail, l'oignon et du poivre. Rectifiez l'assaisonnement. Remplissez les courgettes de la préparation obtenue et parsemez de noisettes de beurre de roquette et parmesan. Enfournez pour 30 min de cuisson.

VIN RECOMMANDÉ : **COLLIOURE BLANC**

La morue n'est autre que le cabillaud salé et constitue l'élément de base de la brandade. Avec cette recette qui met en valeur ce poisson au goût original, relevé ici de l'incontournable pointe d'ail et de la note végétale un peu amère de la roquette, il est donc possible de proposer un accord très méridional avec un collioure blanc. La générosité et la rondeur du vin souligneront le fondant de la préparation, tandis que son bouquet expressif, fruité et floral, donnera un mariage haut en couleur sur la puissance aromatique du plat.

Autres accords : ajaccio blanc, cassis blanc, costières-de-nîmes blanc, côtes-du-rhône-villages-saint-gervais blanc.

Préparation : 15 min | **Repos :** 1 h | **Facile** | **Coût :** €€

Crevettes, sauce au pamplemousse

Pour 6 personnes

- 600 g de crevettes roses
- 3 pamplemousses roses
- 3 pots de yaourt nature 0 %
- 1 cuil. à soupe de moutarde
- ½ cuil. à café de paprika
- sel
- poivre

1. Pelez à vif les pamplemousses et munissez vous d'un couteau bien aiguisé afin d'extraire les suprêmes.

2. Dans une grande jatte, mélangez les yaourts, la moutarde, le paprika, puis assaisonnez.

3. Décortiquez les crevettes et répartissez-les sur le yaourt avec les quartiers de pamplemousse. Réservez au frais pendant 1 h et servez.

Variante : Vous pouvez remplacer le paprika par du curry.

VIN RECOMMANDÉ : **CHAMPAGNE BRUT ROSÉ**

Une préparation simple et rafraîchissante, qui allie la vivacité et la légère note d'amertume du pamplemousse rose à la chair délicate des crevettes, qu'accentue l'onctuosité du yaourt nature. Cette recette demande la tonicité et le fruité expressif d'un champagne rosé, qui exprimera des arômes de petits fruits rouges et un caractère vineux du fait de la présence, dans l'assemblage, d'un peu de vin rouge issu des cépages pinot noir et pinot meunier. Suffisamment vif pour tenir tête aux saveurs du plat, le vin se révèlera ample et gourmand.

Autres accords : champagne brut blanc de blancs, coteaux-champenois rosé, languedoc rosé, tavel.

Préparation : 20 min | **Repos :** 1 nuit | **Cuisson :** 10 min | **Facile** | **Coût :** €

Croquettes de crevettes

Pour 6 personnes

- 500 g de crevettes grises
- 120 g de beurre
- 120 g de farine
- 25 cl de fumet de poisson
- 12,5 cl de crème
- 1 œuf
- 100 g de chapelure
- huile de friture
- sel
- poivre

Matériel

- plaque de cuisson
- friteuse

1. La veille, faites fondre le beurre dans une casserole et incorporez la farine. Continuez de remuer avec un fouet sur feu doux en versant en filet le fumet de poisson. Quand la préparation est bien épaisse, ajoutez la crème. Poursuivez la cuisson quelques minutes puis, hors du feu, ajoutez le jaune de l'œuf en conservant le blanc au frais. Salez, poivrez.

2. Ajoutez les crevettes décortiquées et mélangez. Versez ce mélange sur la plaque huilée et laissez prendre 1 nuit au frais.

3. Le jour même, façonnez les croquettes, roulez-les dans le blanc d'œuf puis dans la chapelure. Faites chauffer l'huile à 180 °C et plongez-y les croquettes pendant 10 min. Égouttez sur du papier absorbant et dégustez aussitôt.

VIN RECOMMANDÉ : **IROULÉGUY BLANC**

Une recette de croquettes croustillantes et fondantes à souhait, qui sublime le goût iodé des petites crevettes grises et impose un vin blanc frais et savoureux. L'accord avec un irouléguy doté d'arômes expressifs de fleurs blanches, de fruits exotiques et d'agrumes, sera à la fois gourmand et délicat. D'une fraîcheur remarquable, ce vin tranchera avec le caractère moelleux et fondant des beignets, et opposera sa vivacité au caractère un peu gras de la friture, pour un accord très tonique.

Autres accords : bourgogne blanc, châtillon-en-diois blanc, entre-deux-mers, saint-mont blanc.

Préparation : 15 min | **Cuisson :** 10 min | **Très facile** | **Coût :** €€

Cuisses de grenouille panées aux herbes

Pour 4 personnes

- 20 paires de cuisses de grenouille
- 15 g de beurre
- 1 cuil. à soupe d'huile neutre
- 30 g de farine
- 2 gousses d'ail
- 1 bouquet de persil frais
- sel
- poivre du moulin

1. Rincez les cuisses de grenouille sous un filet d'eau froide. Retirez la partie vertébrée à l'aide d'un couteau, de manière à ne garder que la chair des cuisses.

2. Faites fondre le beurre et l'huile dans une poêle. Roulez les cuisses de grenouille dans la farine et faites-les revenir dans la poêle.

3. Laissez-les dorer pendant 5 min de chaque côté. Hachez finement l'ail pelé et le persil. Ajoutez-les dans la poêle. Salez, poivrez et servez bien chaud.

Conseil : Si vous utilisez des cuisses de grenouille surgelées, pensez à bien les essorer sur du papier absorbant avant de les tremper dans la farine.

VIN RECOMMANDÉ : **BEAUJOLAIS BLANC**

Charnues et fondantes, ces cuisses de grenouille en friture, relevées d'une aromatique panure aux herbes, appellent un vin blanc vif, au fruité net et aux notes florales, pour un accord frais et gourmand. Excellent vin de soif à base du cépage chardonnay, un beaujolais blanc, parfaitement adapté aux apéritifs et aux entrées de ce type, donnera un accord savoureux, mettant en valeur la finesse de la chair des grenouilles tout en tenant tête au caractère délicatement végétal du persil et de l'ail.

Autres accords : coteaux-du-lyonnais blanc, crozes-hermitage blanc, petit-chablis, pouilly-fuissé.

Préparation : 30 min | **Cuisson :** 5 min | **Assez facile** | **Coût :** €€

Escargots gratinés au beurre de fruits secs

Pour 4 personnes

- 4 douzaines d'escargots nature cuits
- gros sel
- 125 g de beurre demi- sel
- 4 petites échalotes
- 10 cl de vin doux
- 80 g de pain complet
- 50 g de noisettes concassées
- 20 g de poudre d'amandes
- poivre du moulin

Matériel

- hachoir

1. Préparez le beurre de fruits secs : épluchez et ciselez les échalotes. Faites- les suer dans 25 g de beurre. Laissez cuire 2 min, puis versez le vin doux. Poursuivez la cuisson 2 min.

2. Émiettez le pain complet avec sa croûte. Dans un saladier, mélangez le beurre restant avec les noisettes concassées, la poudre d'amandes, le poivre et le pain émietté.

3. Prélevez 5 cl du jus de cuisson des échalotes que vous ajouterez au contenu du saladier avec les échalotes cuites. Mélangez bien. Placez au frais si nécessaire.

4. Mettez le four en position gril. Disposez les escargots sur une plaque de four couverte de gros sel et garnissez- les de beurre de fruits secs. Passez- les sous le gril juste le temps de les dorer.

VIN RECOMMANDÉ : **POUILLY-FUISSÉ**

Les escargots, traditionnellement préparés avec un beurre d'ail, font partie des ingrédients de la cuisine bourguignonne. Dans cette recette, ils sont agrémentés de noisettes et d'amandes concassées, des parfums délicats que l'on retrouve dans le bouquet frais et expressif des vins de l'appellation pouilly-fuissé. Notes d'agrumes, de fougère, de tilleul, de miel et de brioche complètent la gamme aromatique de ce vin de bonne structure, fin et distingué, marqué par une note séveuse d'amertume en finale, qui s'associera de façon gourmande avec la note grillée de la préparation.

Autres accords : beaujolais blanc, côtes-du-jura blanc, givry blanc, mâcon-villages.

Préparation : 15 min | **Cuisson :** 30 min | **Difficile** | **Coût :** €

Gougères

Pour 6 personnes

- 5 œufs
- 125 g d'emmenthal râpé
- 125 g de farine tamisée
- 75 g de beurre + beurre pour la plaque
- 1 pincée de noix muscade
- sel
- poivre du moulin

1. Dans une casserole, versez 25 cl d'eau (ou 12,5 cl d'eau et 12,5 cl de lait), ajoutez le beurre coupé en morceaux, 1 cuil. à café de sel et 1 pincée de poivre. Portez à ébullition sur feu pas trop vif afin d'éviter une trop forte évaporation du liquide. Lorsque le beurre est totalement fondu, ôtez la casserole du feu et incorporez-y la farine d'un seul coup tout en remuant vivement à l'aide d'une cuillère en bois.

2. Remettez la casserole sur feu doux et travaillez la pâte sans cesse jusqu'à ce qu'elle se détache des parois de la casserole et forme une boule homogène.

3. Hors du feu, cassez 1 œuf dans la casserole et incorporez-le longuement à la pâte. Procédez de la même façon pour 2 autres œufs.

4. Cassez un quatrième œuf dans un bol et battez-le doucement à la fourchette. Incorporez-le par petites cuillerées à la pâte jusqu'à ce qu'elle soit ferme sans être dure et surtout pas coulante. Préchauffez le four à 200 °C (th. 6).

5. Ajoutez à la pâte la noix muscade et le fromage râpé. Beurrez légèrement une plaque à pâtisserie. Déposez la pâte en couronne à l'aide d'une cuillère. Dorez à l'œuf battu.

6. Faites cuire au four 25 min, puis 5 min encore en maintenant la porte du four entrouverte. Servez aussitôt.

Conseil : Vous pouvez également présenter les gougères en bouchées individuelles. Avant la cuisson, il faudra déposer sur la plaque des petits tas de pâte.

VIN RECOMMANDÉ : **BOURGOGNE-ALIGOTÉ**

Ces petits choux au fromage traditionnels de la gastronomie bourguignonne, relevés d'une pointe de noix muscade et légèrement poivrés, constituent le parfait accompagnement d'un vin blanc vif et fruité au moment de l'apéritif. De nombreux vins peuvent convenir, à l'image d'un bourgogne-aligoté, appellation régionale qui produit des vins, coulants et légers, marqués par des notes rafraîchissantes de citron. La vivacité du vin tranche avec le fondant de la gougère pour un accord très gourmand.

Autres accords : bourgogne blanc, côtes-du-jura blanc, mâcon blanc, roussette-de-savoie.

Trempage : 12 h | **Préparation :** 15 min | **Cuisson :** 5 min | **Marinade :** 2 h | **Facile** | **Coût :** €

Harengs marinés au poivre et vin blanc

Pour 4 personnes

- 6 harengs salés
- 2 grosses échalotes
- 5 cl de vinaigre de vin blanc
- 15 cl de vin blanc sec
- 25 grains de poivre noir
- 6 grains de genièvre
- 1 cuil. à soupe de sucre
- 600 g de filet de thon

Pour la marinade :

- 2 cuil. à soupe de vinaigre de cidre
- 2 cuil. à soupe d'huile de sésame
- 1 cuil. à soupe de graines de sésame
- 1 cuil. à café de miel
- 1 cuil. à café de raifort
- ½ cuil. à café de paprika
- ½ cuil. à café de coriandre moulue
- sel
- poivre du moulin

1. La veille au soir, faites dessaler les harengs dans un grand bol d'eau froide.

2. Le jour même, égouttez-les et séchez-les. Mettez-les dans un grand plat creux. Épluchez les échalotes et coupez-les en rondelles. Faites bouillir, dans une casserole, le vinaigre, le vin, le poivre, le genièvre et le sucre pendant 5 min. Laissez refroidir et versez sur le poisson. Faites mariner au frais au moins 2 h.

VIN RECOMMANDÉ : **MOSELLE BLANC**

Une préparation à la fois simple et savoureuse qui fait la part belle aux épices et aux aromates, idéale pour un mariage tout en fraîcheur avec un moselle blanc. Un vin vif, structuré et expressif, qui exhale des notes de fleurs blanches et de fruits blancs et se caractérise par une franche minéralité. Cette dernière tranchera avec le fondant de la chair un peu grasse du hareng, tandis que les arômes primaires et expressifs de l'ensemble renforceront le caractère fringant de l'accord.

Autres accords : alsace sylvaner, entre-deux-mers, gigondas rosé, patrimonio blanc.

Préparation : 40 min | **Cuisson :** 3 min | **Marinade :** 24 h | **Difficile** | **Coût :** €

Millefeuille de saumon gravad lax

Pour 4 personnes

Pâtes :

- 20 feuilles de lasagnes du commerce sans précuisson

Farce :

- 400 g de saumon frais sans arêtes, sans peau
- 100 g de gros sel de mer
- 60 g de sucre
- 1 bouquet d'aneth
- 15 cl d'huile d'olive
- 2 cuil. à café de poivre noir concassé
- 400 g de fromage de chèvre frais (type Petit Billy)
- 3 cuil. à soupe de fromage blanc

Sauce :

- 1 cuil. à soupe de miel
- 1 cuil. à soupe de sucre cassonade
- 1 cuil. à soupe de Savora
- 1 cuil. à soupe d'huile d'olive
- 3 cuil. à soupe d'aneth ciselée
- sel
- poivre

Finition :

- quelques brins d'aneth
- 1 cuil. à soupe de baies roses

1. La veille, recouvrez le saumon du mélange de gros sel, sucre, aneth hachée, huile d'olive et poivre. Couvrez le plat creux d'un film alimentaire. Laissez mariner au minimum 24 h.

2. Le jour même, éliminez la marinade en essuyant le poisson avec du papier absorbant.

3. Coupez des tranches fines de saumon mariné d'environ 0,5 cm d'épaisseur. Dans un petit saladier, mélangez avec une fourchette le chèvre avec le fromage blanc. Préparez la sauce dans un bol en mélangeant le miel, le sucre, la moutarde Savora, le sel et le poivre. Incorporez l'huile en filet. Ajoutez l'aneth haché. Placez les préparations au frais.

4. Découpez des rectangles d'environ 4,5 cm x 12 cm dans les lasagnes. Plongez-les dans une casserole d'eau bouillante salée. Dès qu'ils sont cuits al dente, égouttez-les, disposez-les sur un torchon propre et laissez-les refroidir.

5. Déposez dans chaque assiette une feuille de lasagne, recouvrez d'une couche de fromage, d'une feuille de lasagne, de saumon badigeonné de sauce, d'une feuille de lasagne, d'une couche de chèvre, d'une feuille de lasagne, puis d'une couche de saumon badigeonné de sauce. Terminez par une feuille de lasagne. Décorez d'aneth et de baies roses, servez.

Astuce : Pour plus de facilité, utilisez une poche à douille pour étaler le chèvre. Si vous utilisez des lasagnes du commerce, parsemez de graines de sésame au moment de servir.

VIN RECOMMANDÉ : **SANCERRE ROSÉ**

L'alliance du saumon cru mariné, légèrement sucré-salé, et du fromage de chèvre typé et acidulé, rehaussé par la présence des fines herbes et par le caractère épicé de la sauce Savora, appelle un vin rosé à la fois frais et vineux au fruité expressif, comme un sancerre rosé. Au-delà de l'harmonie appétissante des couleurs, le mariage s'établit autour de l'expression aromatique du vin qui tient tête au goût relevé du plat, la vivacité de l'un tranchant avec le fondant de l'autre pour un accord enlevé.

Autres accords : champagne rosé brut, fronton rosé, pouilly-fumé, saumur blanc.

Préparation : 25 min | **Facile** | **Coût :** €€

Omelette morvandelle

Pour 4 personnes

- 8 œufs
- 200 g de jambon cru
- 2 échalotes
- 500 g de mousserons ou autres champignons
- 3 à 4 cuil. à soupe de lait
- 50 g de beurre
- 4 cuil. à soupe d'huile
- sel
- poivre du moulin

1. Pelez et hachez les échalotes. Taillez le jambon cru en petits cubes. Nettoyez et émincez les champignons.

2. Dans une poêle, faites chauffer 20 g de beurre et 2 cuil. à soupe d'huile. Faites-y blondir les échalotes 2 à 3 min. Ajoutez le jambon, et faites cuire encore 2 min en remuant. Ajoutez les champignons. Salez, poivrez et laissez cuire 15 min : il faut que le liquide des champignons soit totalement résorbé et que ceux-ci commencent à dorer.

3. Dans une jatte, cassez les œufs et battez-les en omelette avec le lait, 2 cuil. à soupe d'huile, du sel et du poivre.

4. Faites chauffer 30 g de beurre dans une poêle et versez-y les œufs. Faites cuire quelques minutes en soulevant la masse avec une fourchette et, lorsque l'omelette est encore bien baveuse au centre, recouvrez-la des champignons. Laissez cuire encore 2 min. Glissez l'omelette sur un plat en la pliant en deux et servez sans attendre.

VIN RECOMMANDÉ : **IRANCY**

Cette omelette au jambon cru et aux champignons des bois demande un vin rouge simple, aux tanins assouplis, et au bouquet légèrement évolué. L'appellation irancy, dans l'Yonne, produit des rouges robustes qui demandent quelques années de garde et expriment alors un bouquet de cuir, de truffe et de sous-bois. Le vin fera écho agréablement aux parfums de l'omelette, soulignant de ses tanins patinés et étoffés le fondant de l'œuf encore un peu baveux, mêlé à la chair délicate des champignons et du jambon.

Autres accords : bourgogne-côte-chalonnaise rouge, bourgogne-hautes-côtes-de-beaune rouge, morgon, saumur-champigny.

Préparation : 5 min | **Cuisson :** 5 min | **Facile** | **Coût :** €

Petite friture de poisson

Pour 6 personnes

- 800 g de petits poissons vidés (goujons, anchois, petits rougets, petites sardines, éperlans)
- 200 g de farine
- 2 citrons
- huile de friture

Matériel

- passoire
- friteuse

1. Passez les petits poissons dans la farine. Tapotez-les dans une passoire pour les débarrasser du surplus de farine.

2. Faites frire ces petits poissons farinés dans l'huile à 180 °C pendant quelques minutes.

3. Servez avec des quartiers de citron et dégustez devant la mer.

VIN RECOMMANDÉ : **GRAVES-DE-VAYRES BLANC**

Croustillants puis moelleux à cœur, ces petits poissons frits peuvent être servis aussi bien à l'apéritif qu'en entrée, et appellent un vin blanc sec de bonne fraîcheur comme un graves-de-vayres aux arômes floraux et fruités, nuancés par une touche presque végétale rappelant le genet et le buis. À la fois vif, souple et gras en bouche, ce vin permet un accord de contraste sur le fondant de la chair des poissons. Enfin, le caractère désaltérant du vin est bienvenu sur la note salée du plat pour un accord aussi simple que savoureux.

Autres accords : entre-deux-mers, graves blanc, mâcon blanc, quincy.

Préparation : 20 min | **Cuisson :** 45 min | **Facile** | **Coût :** €€

Quiche aux 3 fromages et aux herbes fraîches

Pour 6 personnes

- 1 pâte feuilletée
- ½ bûche de chèvre
- 100 g de roquefort
- 100 g de comté
- ½ botte de persil
- ½ botte de ciboulette
- 3 œufs
- 10 cl de lait
- 10 cl de crème liquide
- sel
- poivre

Matériel

- moule à tarte

1. Préchauffez le four à 180 °C (th. 6). Étalez la pâte et disposez-la dans le moule. Coupez la bûche en lamelles. Émiettez le roquefort et râpez le comté. Lavez et ciselez les herbes.

2. Dans un saladier, fouettez les œufs avec le lait et la crème. Salez et poivrez.

3. Disposez sur le fond de tarte les lamelles de chèvre, les miettes de roquefort et le comté râpé. Parsemez d'herbes fraîches.

4. Versez l'appareil à quiche puis enfournez pour 45 min de cuisson.

VIN RECOMMANDÉ : **ROUSSETTE-DE-SAVOIE**

Une quiche au fromage très aromatique, marquée par le léger piquant du fromage de chèvre et du roquefort et par le gras du comté, qui demande un vin blanc parfumé et fringant comme une roussette-de-savoie, aux notes fraîches de fruits blancs et de fleur blanches, agrémentées d'une touche de miel et de fruits secs. Rond et harmonieux en bouche, ce vin à la fois charnu et vif soulignera la texture fondante de la quiche et opposera sa fraîcheur aux parfums soutenus des fromages exacerbés par la température du plat.

Autres accords : givry blanc, roussette-du-bugey, saint-aubin blanc, vin-de-savoie-chignin-bergeron.

Préparation : 30 min | **Cuisson :** 45 min | **Facile** | **Coût :** €€

Quiche boudin et pommes

Pour 6 personnes

- 1 pâte brisée
- 150 g de boudin noir
- 1 pomme
- 4 œufs
- 1 yaourt
- 20 cl de lait
- sel
- poivre

Matériel

- moule à tarte

1. Préchauffez le four à 180 °C (th. 6). Étalez la pâte brisée et disposez-la dans le moule.

2. Tranchez le boudin noir ; épluchez, épépinez et émincez la pomme en lamelles. Disposez-les sur la pâte en alternant pomme et boudin.

3. Dans un saladier, fouettez les œufs avec le yaourt tout en versant le lait progressivement.

4. Salez et poivrez. Versez l'appareil sur la pâte puis enfournez pour 45 min.

Variante : vous pouvez ajouter des cerneaux de noix avant d'enfourner.

VIN RECOMMANDÉ : **BORDEAUX-SUPÉRIEUR ROUGE**

Une recette classique revisitée, qui allie le moelleux du boudin noir au caractère à la fois doux et acidulé de la pomme cuite. Cette quiche demande un vin rouge dense aux tanins toutefois aimables et au fruité immédiat, pour équilibrer le côté un peu rustique et sanguin du boudin. Après une garde de deux à trois ans, la trame tannique d'un bordeaux-supérieur aux notes de fruits rouges, de vanille et d'épices douces, aura gagné en souplesse et soulignera agréablement le caractère charnu de l'ensemble.

Autres accords : côte-roannaise rouge, côtes-de-bourg rouge, fronton rouge, médoc.

Préparation : 25 min | **Cuisson :** 45 min | **Facile** | **Coût :** €€

Quiche courgettes, noix de Saint-Jacques et saumon fumé

Pour 6 personnes

- 1 pâte à l'huile d'olive
- 250 g de courgettes
- 2 tranches de saumon fumé
- 8 noix de Saint-Jacques
- 125 g de mascarpone
- 2 œufs
- 15 cl de crème liquide
- 1 cuil. à soupe d'huile d'olive

Matériel

- moule à tarte

1. Préchauffez le four à 180 °C (th. 6). Pelez et coupez les courgettes en dés. Détaillez le saumon en morceaux.

2. Dans une poêle, faites chauffer l'huile, faites revenir les dés de courgettes puis laissez cuire 10 min. Disposez-les sur le fond de tarte, ajoutez le saumon et les noix de Saint-Jacques.

3. Préparez l'appareil à quiche : dans un saladier, mélangez le mascarpone et les œufs, versez la crème et fouettez énergiquement pour que le mélange soit homogène et sans grumeaux. Disposez la pâte dans le moule puis versez la préparation. Enfournez pour 45 min.

Conseil : Servez chaud ou tiède avec une salade de jeunes pousses.

VIN RECOMMANDÉ : **CHAMPAGNE BRUT MILLÉSIMÉ** (ÉLEVÉ EN FÛT)

Une quiche qui met en valeur les produits de la mer et se caractérise par beaucoup de fondant, alliant la liaison à base de crème, et les chairs délicates du saumon fumé et de la noix de Saint-Jacques. Un champagne élevé en fût, à l'image d'un vin blanc de garde, exprimera des arômes légèrement toastés, de vanille et d'épices douces, qui feront écho à la note fumée du saumon, tandis que le gras et la rondeur du vin apporteront du volume à l'accord, et se marieront à la texture suave de la quiche.

Autres accords : champagne brut blanc de noirs, champagne brut rosé, coteaux-d'aix-en-provence blanc, crémant-de-limoux blanc.

Préparation : 20 min | **Facile** | **Coût :** €

Salade de poulet et ananas au poivre jamaïcain

Pour 4 personnes

- 250 g de poulet cuit
- 1 ananas assez mûr mais encore ferme
- 1 citron vert
- 3 brins d'estragon
- 3 brins de persil
- 2 échalotes
- 1 cuil. à café de grains de poivre de Jamaïque
- 8 radis
- 4 cuil. à soupe d'huile d'olive
- sel
- poivre

1. Épluchez l'ananas et coupez-le en demi-rondelles. Répartissez-les sur 4 assiettes. Râpez finement le zeste du citron et pressez-le. Équeutez les herbes, rincez-les, épluchez les échalotes et hachez le tout. Écrasez légèrement les grains de poivre avec le dos d'une cuillère. Épluchez les radis puis coupez-les en quatre. Émincez le poulet. Éparpillez le poulet et les radis sur l'ananas.

2. Préparez la sauce en mélangeant le zeste et le jus de citron, les herbes et les échalotes hachées, l'huile d'olive, du sel et du poivre. Versez sur la salade et servez.

VIN RECOMMANDÉ : **CHAMPAGNE BRUT SANS ANNÉE**

Une recette dominée par la présence du citron vert et des fines herbes, dont la fraîcheur est relayée par le piquant du poivre de la Jamaïque et des radis. Un champagne brut, dont le caractère primaire et la vivacité seront renforcés par le mordant du gaz carbonique, donnera un accord ton sur ton très tonique. Le caractère fruité et acidulé de l'ananas, exacerbé par les zestes de citron vert, répondra aux arômes d'agrumes un peu citronnés du champagne qui soulignera de sa rondeur caressante la texture fondante et délicate de la chair du poulet.

Autres accords : champagne brut blanc de blancs, coteaux-champenois blanc, lirac blanc, tursan blanc.

Préparation : 15 min | **Cuisson :** 10 min | **Facile** | **Coût :** €

Sardines au brocciu

Pour 6 personnes

- 300 g de brocciu
- 3 œufs
- 1 bouquet de menthe
- 50 g de farine
- 12 sardines grattées et vidées huile de friture
- sel
- poivre

Matériel

- friteuse

1. Dans un saladier, mélangez le brocciu, les œufs et la menthe ciselée. Salez et poivrez à votre goût.

2. Faites chauffer l'huile à 180 °C. Versez la farine dans une assiette creuse. Déposez 1 cuil. à soupe de farce sur chaque sardine, côté chair. Farinez les sardines farcies et tapotez-les légèrement pour enlever l'excédent.

3. Plongez les sardines farcies dans l'huile chaude pendant 10 min. Égouttez- les sur du papier absorbant. Dégustez aussitôt avec un filet de citron.

VIN RECOMMANDÉ : **CÔTES-DU-RHÔNE-VILLAGES-VISAN ROSÉ**

Les sardines symbolisent les repas d'été et appellent les rosés frais, aux notes de petits fruits rouges et de garrigue. Cette recette associe la chair dense et goûteuse de ce petit poisson gras au fondant du brocciu, relevé d'une note fraîche de menthe. Un rosé de l'appellation côtes-du-rhône-villages-visan offrira une bouche à la fois de bonne vivacité et d'une agréable onctuosité, ainsi qu'un fruité immédiat, pour un accord de texture fusionnel, et beaucoup de gourmandise au niveau aromatique.

Autres accords : coteaux-varois-en-provence blanc, lirac rosé, tavel, vin-de-corse rosé.

Préparation : 30 min | **Réfrigération :** 30 min | **Facile** | **Coût :** €€

Tartare de champignons au magret

Pour 4 personnes

- 250 g de magret de canard fumé
- 400 g de champignons de Paris bien blancs
- 2 échalotes
- 1 botte de ciboulette
- 2 cuil. à soupe de câpres
- 6 cornichons
- 3 cuil. à soupe d'huile de tournesol
- 2 cuil. à soupe de vinaigre de xérès
- sel
- poivre

Accompagnement :

- 250 g de mesclun et sa vinaigrette faite avec 3 cuil. à soupe d'huile d'olive
- 1 pointe de moutarde
- 1 cuil. à soupe de vinaigre
- sel
- poivre

Matériel

- 4 petits moules en aluminium ou 4 ramequins

1. Hachez les cornichons et les câpres. Épluchez les échalotes et taillez-les en très petits dés. Nettoyez et ciselez la ciboulette. Nettoyez les champignons et retirez le gras qui entoure le magret.

2. Hachez finement le magret et les champignons. Ajoutez-y les cornichons, les câpres, la ciboulette et les échalotes. Versez l'huile et le vinaigre de xérès. Salez, poivrez et mélangez bien.

3. Remplissez des petits moules en aluminium ou des ramequins avec le tartare, tassez bien et mettez au frais pendant 30 min.

4. Au moment de servir, assaisonnez le mesclun de vinaigrette et répartissez-le sur chacune des assiettes. Démoulez le tartare au centre de chaque assiette et servez accompagné de pain grillé.

VIN RECOMMANDÉ : **FRONTON ROUGE**

L'originalité de ce tartare réside dans le fait que la viande du canard n'est pas crue mais fumée, un caractère aromatique original, déterminant dans le choix du vin. Un fronton aux notes toastées apportées par un élevage en fût, agrémenté d'agréables touches de fruits noirs et d'épices douces, donnera un accord très complet. Les saveurs du tartare s'harmoniseront aux arômes du vin, tandis que la texture fondante du magret alliée au moelleux des champignons fera écho à la souplesse des tanins.

Autres accords : cabardès rouge, graves-de-vayres rouge, montravel rouge, vacqueyras rouge.

Préparation : 20 min | **Marinade :** 30 min | **Facile** | **Coût :** €€

Tartare de crevettes à la mangue

Pour 4 personnes

- 300 g de crevettes roses décortiquées
- 2 trévises rouges
- 1 grosse mangue
- 1 échalote
- le jus d'1 citron vert
- ½ cuil. à café de piment en poudre
- 3 cuil. à soupe de sauce soja
- 2 cuil. à soupe d'huile de sésame
- 2 cuil. à soupe d'huile de tournesol
- 1 cuil. à soupe de vinaigre balsamique
- sel
- poivre

1. Répartissez la trévise sur 4 assiettes.

2. Épluchez et dénoyautez la mangue, hachez la chair. Hachez l'échalote, puis les crevettes.

3. Mélangez le piment, la sauce soja, le jus de citron, l'huile de sésame. Arrosez-en le tartare et laissez mariner 30 min. Assaisonnez la trévise de vinaigre balsamique et d'huile de tournesol. Salez, poivrez. Répartissez le tartare, parsemez de sésame et servez bien frais.

VIN RECOMMANDÉ : **CABERNET-DE-SAUMUR**

Le goût doux de la crevette s'accorde parfaitement avec des notes sucrées, en particulier lorsqu'elles sont apportées par les fruits frais. La mangue confère à ce tartare un moelleux d'une extrême finesse qui se marie à la chair délicate de la crevette, l'ensemble étant relevé par le piquant des épices et la touche fraîche et craquante de la trévise. Autant de saveurs qui s'allieront à la vivacité, à la texture suave et aux parfums intenses de rose, de petits fruits rouges et d'épices d'un cabernet-de-saumur au moelleux discret.

Autres accords : cabernet-d'anjou, côtes-du-rhône-villages blanc ou rosé, rosé-des-riceys, tavel.

Préparation : 20 min | **Réfrigération :** 15 min | **Facile** | **Coût :** €€

Tartare de daurade à la citronnelle

Pour 4 personnes

- 4 filets de daurade (environ 150 g, sans arête ni peau)
- 2 oignons nouveaux
- 2 brins de menthe
- 2 brins de coriandre
- 1 tige de citronnelle
- 1 piment oiseau
- 1 citron vert
- 2 cuil. à soupe de sauce de poisson (nuoc-mâm)
- 2 cuil. à soupe de sauce soja
- 4 cuil. à soupe d'huile d'olive
- fleur de sel
- poivre du moulin

1. Coupez les filets de daurade en tout petits cubes, que vous mettez au frais le temps de préparer la suite.

2. Prélevez le zeste du citron vert et pressez l'agrume dans un large récipient. Ajoutez la sauce de poisson, la sauce soja et l'huile d'olive. Retirez les extrémités du piment et coupez- le en deux, retirez- en les graines et hachez- le finement ; ajoutez- le à la sauce.

3. Lavez et séchez les oignons nouveaux, la menthe, la coriandre ; hachez- les. Émincez finement le cœur de la tige de citronnelle, puis ajoutez tous ces ingrédients dans le récipient, mélangez bien en fouettant légèrement avec une fourchette. Incorporez délicatement les dés de poisson, rectifiez l'assaisonnement en sel et poivre.

4. Placez le tartare au réfrigérateur pendant 15 min avant de servir.

Variante : Vous pouvez utiliser un combawa à la place du citron vert. On trouve cet agrume dans les épiceries asiatiques.

VIN RECOMMANDÉ : **MÂCON-VILLAGES**

Un tartare qui met en valeur la chair goûteuse de la daurade, assouplie par une marinade composée de fines herbes et de citron vert, relevée de la note salée des sauces nuoc-mâm et soja, et du piquant du piment oiseau. Pour un accord très frais, on choisira un vin rond et suave mais doté d'une bonne vivacité, à l'image d'un mâcon-villages qui alliera ses arômes de fleurs blanches, de verveine, de citronnelle et d'agrumes, au caractère végétal tout en fraîcheur de la garniture du plat, soulignant le fondant du poisson.

Autres accords : crémant-de-bourgogne, entre-deux-mers, petit-chablis, pouilly-fumé.

Préparation : 20 min | **Repos :** 1 nuit + 30 min | **Facile** | **Coût :** €€€

Tartare de lotte à la vanille

Pour 4 personnes

- 500 g de lotte
- 1 orange non traitée
- 1 citron
- 1 échalote
- 1 gousse de vanille
- 4 baies de genièvre
- 2 cuil. à soupe de crème fleurette
- 10 cl d'huile d'arachide
- sel
- moulin de poivres mélangés

1. La veille : fendez la gousse de vanille en deux, grattez-en la pulpe avec la pointe du couteau, mettez-la dans un bol.

2. Épluchez et hachez l'échalote. Pressez le jus de l'orange. Versez-le sur la vanille, ajoutez l'échalote, les baies de genièvre, la crème, l'huile, du sel, du poivre. Mélangez, couvrez et laissez reposer 1 nuit au frais.

3. Le lendemain : rincez et séchez le filet de lotte. Coupez la chair en très petits dés. Mélangez bien avec la sauce et placez au frais 30 min avant de servir, accompagné de quartiers de citron.

VIN RECOMMANDÉ : **CHAMPAGNE BRUT SANS ANNÉE**

Une entrée basée sur le caractère primaire du poisson cru, relevée de la note acidulée de l'orange, et de la fraîcheur un peu épicée de la vanille et des baies de genièvre. Il est préférable de choisir un champagne fringant, de bonne vivacité, marqué par la présence du chardonnay qui développe finesse et notes d'agrumes et de fleurs blanches. Dans ce cas, l'accord s'articulera autour de la fraîcheur du vin associé aux parfums de la préparation, tandis que le piquant de la bulle apportera du relief à l'ensemble.

Autres accords : champagne brut blanc de noirs, coteaux-champenois blanc, côtes-de-provence blanc, entre-deux-mers.

Préparation : 25 min | **Réfrigération :** 20 min | **Facile** | **Coût :** €€€

Tartare de veau aux langoustines

Pour 4 personnes

- 400 g de veau dégraissé (quasi, filet)
- 4 langoustines fraîches
- 2 échalotes
- 1 botte de ciboulette
- 80 g de parmesan frais
- fleur de sel
- poivre du moulin

Pour la mayonnaise :

- 1 jaune d'œuf
- 1 cuil. à soupe de pâte de wasabi
- 25 cl d'huile de pépins de raisin
- fleur de sel

1. Réalisez la mayonnaise au wasabi. Dans une jatte, mélangez avec un fouet le jaune d'œuf et la pâte de wasabi ; versez, en petit filet et progressivement, l'huile de pépins de raisin tout en fouettant, jusqu'à l'obtention d'une mayonnaise. Rectifiez l'assaisonnement en sel.

2. Décortiquez les langoustines et taillez la chair en petits morceaux. Découpez le veau en tout petits cubes. Épluchez les échalotes et hachez-les finement. Ciselez la ciboulette.

3. Dans un récipient, mélangez le veau, les langoustines, les échalotes, la ciboulette et la mayonnaise au wasabi. Rectifiez l'assaisonnement si nécessaire et placez au réfrigérateur pendant 20 min.

4. Réalisez des copeaux de parmesan à l'aide d'un économe. Garnissez-en le tartare au moment de servir.

Variante : Vous pouvez remplacer les langoustines par des gambas.

VIN RECOMMANDÉ : **CHAMPAGNE BRUT BLANC DE NOIRS**

Cette recette se caractérise par le moelleux des chairs crues du veau et de la langoustine, qui apporte une riche texture en bouche, et par un caractère aromatique primaire que relève la garniture un peu piquante du wasabi et des copeaux de parmesan. Il est recommandé de choisir un champagne vineux, ayant de la tenue et de la longueur en bouche, comme un blanc de noirs, issu exclusivement des cépages pinot noir et pinot meunier. Un vin suave, riche, de bonne structure, qui permettra un accord équilibré, sur la persistance des saveurs.

Autres accords : champagne brut millésimé, champagne brut rosé, faugères blanc, marsannay blanc.

Préparation : 25 min | **Réfrigération :** 30 min | **Facile** | **Coût :** €€

Tartare d'huîtres

Pour 4 personnes

- 2 douzaines d'huîtres
- ¼ de concombre
- 1 échalote
- ½ grenade
- 3 cuil. à soupe d'huile d'olive
- 1 cuil. à soupe de vinaigre de pomme
- poivre du moulin

1. Ouvrez les huîtres, débarrassez-les de leur première eau et prélevez la chair. Mettez de côté 12 coquilles vides, propres et sèches.

2. Coupez en dés la chair des huîtres et versez le tout dans un récipient. Lavez et coupez en deux le morceau de concombre, retirez-en les graines à l'aide d'une petite cuillère, puis coupez chaque moitié de chair en petits cubes. Épluchez l'échalote et hachez-la finement. Ajoutez le tout dans le récipient des huîtres.

3. Dans un petit bol, versez l'huile d'olive et le vinaigre de pomme, émulsionnez avec une fourchette puis ajoutez les graines de la grenade. Versez cette vinaigrette sur le tartare d'huîtres, poivrez et mélangez soigneusement.

4. Répartissez le tartare dans les coquilles réservées et placez-le au réfrigérateur pendant 30 min avant de servir.

Variante : Remplacez les huîtres par des praires.

VIN RECOMMANDÉ : **CHAMPAGNE EXTRA-BRUT**

Ce tartare associe le caractère primitif de l'huître crue et la note acidulée de la garniture faite d'échalote, de grenade et de vinaigre de pomme. Il s'associera agréablement à un champagne extra brut, n'ayant reçu qu'un très faible ajout de sucre au moment du dosage. Un vin qui exprime finesse et pureté en bouche, en principe doté d'une grande vivacité que prolonge une nette minéralité. L'accord se fera sur la fraîcheur du vin et de l'huître crue, selon le même principe qu'avec un plateau de coquillages, la dimension aromatique de la préparation rajoutant ici une certaine complexité.

Autres accords : champagne brut millésimé, champagne non dosé, languedoc-picpoul-de-pinet, muscadet-sèvre-et-maine.

Préparation : 15 min | **Cuisson :** 1 h | **Facile** | **Coût :** €

Tian de courgettes, tomates, chèvre et basilic

Pour 6 personnes

- 5 tomates grappes pas trop grosses non traitées
- 2 courgettes non traitées
- 1 oignon jaune
- 2 crottins de chèvre
- 1 gousse d'ail
- 1 botte de basilic
- 1 filet d'huile d'olive
- sel
- poivre du moulin

1. Préchauffez le four à 160 °C (th. 5-6). Lavez les tomates et les courgettes et coupez-les en lamelles d'environ ½ cm à l'aide d'un couteau ou d'une mandoline. Épluchez l'oignon et coupez-le également en fines lamelles. Faites de même avec les crottins de chèvre.

2. Frottez un plat à gratin avec la gousse d'ail épluchée et coupée en deux. Disposez verticalement, en les alternant, les lamelles de courgettes, de tomates, d'oignon et de crottin de chèvre. Arrosez le tian d'un filet d'huile d'olive. Salez, poivrez.

3. Faites cuire le tian 1 h à 160 °C (th. 5-6). Avant de servir parsemez le tian de basilic ciselé.

VIN RECOMMANDÉ : **SAINT-PÉRAY**

Ce tian offre l'alliance gourmande de légumes d'été, relevés de la fraîcheur anisée du basilic frais, avec le caractère acidulé et caprin des petits crottins. Ce plat appelle à plusieurs titres un blanc frais et délicat comme un saint-péray, vin d'Ardèche fin et aérien, offrant des arômes de fruits blancs et jaunes, de fruits secs, d'épices douces et de fleurs blanches. L'alliance se fait autant entre le fondant des textures qu'autour de la gamme aromatique intense et complexe du plat et du vin.

Autres accords : cassis blanc, faugères blanc, grignan-les-adhémar blanc, lirac blanc.

Préparation : 10 min | **Repos :** 30 min | **Facile** | **Coût :** €€

Verrine fraîcheur au saumon

Pour 6 personnes

- 400 g de saumon cru
- 2 cm de gingembre frais
- 1 mangue
- 1 bouquet de coriandre
- 200 g de fromage blanc 0 %
- sel
- poivre

Matériel

- 6 verrines

1. Coupez le saumon en petits cubes de 0,5 cm. Râpez très finement le gingembre et ajoutez-le aux petits cubes de saumon. Réservez au frais pendant 30 min.

2. Coupez la mangue en cubes de 1 cm et réservez.

3. Ciselez les feuilles de coriandre et ajoutez-les au fromage blanc. Salez, poivrez et versez au fond des verrines.

4. Ajoutez 1 couche de saumon puis 1 couche de mangue. Servez aussitôt.

Variante : Cette recette peut être réalisée avec différents types de poisson : du thon rouge, du cabillaud... ou même du saumon fumé !

VIN RECOMMANDÉ : **GRAVES BLANC**

La délicatesse du saumon cru, alliée à la fraîcheur un peu végétale de la garniture de gingembre et de coriandre fraîche, demande un vin blanc fin et de bonne vivacité comme un graves blanc, aux arômes séduisants de genêt, d'agrumes et de fruits exotiques. La palette aromatique de ce vin riche et complexe, capable d'exprimer son potentiel après quelques années de garde, sera en harmonie avec le parfum de la mangue fraîche, tandis que l'onctuosité de la préparation soulignera la rondeur du vin.

Autres accords : alsace riesling, entre-deux-mers, pessac-léognan blanc, pouilly-fumé.

Les plats

Les plats proposés, d'une grande diversité, permettent de faire varier les plaisirs en termes d'accords mets et vins. Une richesse à laquelle répond la vaste palette des vins hexagonaux. Et si le choix de ces derniers pour accompagner les plats est avant tout affaire de goûts personnels, l'expérience a permis de déterminer quelques grands principes et ainsi d'éviter les impairs.

Préparation : 15 min | **Cuisson :** 3 h | **Facile** | **Coût :** €€

Bœuf bourguignon

Pour 4 personnes

- 600 g de gîte de bœuf
- 2 oignons
- 1 gousse d'ail
- 6 carottes
- 100 g de lardons
- 1 cuil. à soupe de farine
- 20 cl de vin rouge
- 1 bouquet garni
- 2 cuil. à soupe de concentré de tomates
- 1 cuil. à soupe d'huile d'olive
- sel
- poivre du moulin

1. Coupez la viande en gros dés. Pelez et émincez les oignons. Épluchez l'ail. Pelez les carottes et coupez-les en deux.

2. Dans une cocotte, faites revenir les cubes de viande dans l'huile d'olive. Salez et poivrez. Laissez les morceaux dorer quelques minutes. Ajoutez ensuite les oignons émincés, l'ail et les lardons. Laissez dorer quelques minutes et saupoudrez le tout de farine. Remuez.

3. Mouillez avec le vin rouge et complétez avec de l'eau pour que la viande soit entièrement couverte. Salez, poivrez et ajoutez le bouquet garni. Couvrez la cocotte. Laissez cuire à petits bouillonnements pendant 2 h, en surveillant la cuisson. Vous pouvez ajouter un verre d'eau en cours de cuisson si nécessaire.

4. Au terme de ce temps de cuisson, ajoutez les carottes et le concentré de tomates. Laissez cuire à nouveau pendant 1 h avant de servir. Accompagnez le bœuf bourguignon de pommes de terre vapeur.

Variante : Faites mariner les cubes de viande pendant 24 h dans le vin rouge avec les aromates. La viande sera plus tendre et plus parfumée.

VIN RECOMMANDÉ : **MERCUREY ROUGE**

Mercurey, appellation de la Côte chalonnaise, produit des vins rouges généreux, à la trame tannique dense et veloutée. Ces cuvées expriment un fruité net et des arômes généreux évoquant, après quelques années de cave, le sous-bois, les épices douces et le poivre. Autant de qualités qui permettront un mariage savoureux et harmonieux avec ce plat classique de la gastronomie locale, faisant écho au charnu de la viande ainsi qu'à l'onctuosité et la richesse aromatique de la sauce.

Autres accords : cahors, fitou, givry rouge, saint-émilion.

Préparation : 10 min | **Repos :** 45 min | **Cuisson :** 30 min | **Facile** | **Coût :** €€€

Cabillaud aux coquillages, émulsion à la citronnelle

Pour 6 personnes

- 6 morceaux de dos de cabillaud de 180 g chacun
- 1 l de moules
- 1 l de coques
- 2 cuil. à soupe d'huile d'olive
- 2 bâtons de citronnelle
- 20 cl de crème liquide
- sel

Matériel

- pinceau alimentaire
- mixeur plongeant

1. Déposez les moules et les coques dans un saladier rempli d'eau. Laissez reposer 30 min. Ôtez-les de l'eau en veillant bien à laisser tout le sable au fond du saladier.

2. Préchauffez le four à 90 °C (th. 3). À l'aide d'un pinceau alimentaire, badigeonnez les morceaux de cabillaud d'huile d'olive et saupoudrez de sel. Enfournez pour 30 min (cette cuisson à basse température permet de respecter le goût de ce poisson si fin et délicat).

3. Épluchez les bâtons de citronnelle et coupez-les en morceaux. Mélangez-les à la crème et portez-les à ébullition dans une casserole. Ôtez du feu et laissez infuser pendant 15 min.

4. Dans une cocotte, déposez les coquillages et faites-les cuire à feu vif et à couvert pendant 5 min en agitant la casserole régulièrement. Filtrez la crème et ajoutez le jus de cuisson des coquillages. Portez à ébullition.

5. Avec un mixeur plongeant, émulsionnez la sauce et répartissez-la sur le poisson et les coquillages. Servez aussitôt.

VIN RECOMMANDÉ : **ALSACE KLEVENER-DE-HEILIGENSTEIN**

Ce plat, qui associe le fondant de la chair du cabillaud au caractère savoureux des coquillages, appelle un vin blanc élégant, à la fois charpenté et rond, apte à l'accompagner dans sa persistance gustative. Le cépage klevener de Heiligenstein confère à ce blanc, parmi les plus originaux de la région, des arômes complexes de fruits exotiques et de fruits secs, ainsi qu'une nette minéralité, qui font écho à la générosité et à la note légèrement iodée de l'ensemble. La suavité du vin se mariera avec l'onctuosité de la sauce, pour un accord tout en finesse.

Autres accords : alsace pinot blanc, auxey-duresses blanc, muscadet-côtes-de-grandlieu, pessac-léognan blanc.

Préparation : 15 min | **Cuisson :** 40 min | **Assez facile** | **Coût :** €

Cailles farcies au jambon de Parme et pommes au four

Pour 6 personnes

- 6 cailles
- 6 tranches de jambon de Parme
- 1 oignon
- 1 pomme à cuire type belle de Boskoop
- 100 g d'amandes mondées
- 100 g de beurre
- 200 g de chapelure
- 12 petites pommes
- 12 bâtons de cannelle

Matériel

- mixeur

1. Préchauffez le four à 210 °C (th. 7). Épluchez l'oignon. Dans le bol d'un robot ménager, mixez l'oignon, la pomme à cuire, les amandes, 50 g de beurre et la chapelure.

2. Glissez 1 cuil. à soupe de farce à l'intérieur de chaque caille. Entourez-les d'une tranche de jambon et déposez-les dans un plat à gratin. Enfournez pour 40 min.

3. Pendant ce temps, lavez les petites pommes et ôtez les trognons. Glissez un morceau de beurre restant dans chaque pomme et enfoncez un bâton de cannelle.

4. Ajoutez ces pommes dans le plat contenant les cailles au bout de 30 min de cuisson. Laissez reposer quelques minutes avant de servir.

VIN RECOMMANDÉ : **COTEAUX-D'AIX-EN-PROVENCE BLANC**

La chair délicate des cailles associée au caractère à la fois doux et acidulé des pommes amène à choisir un vin blanc riche et aromatique à l'image d'un coteaux-d'aix-en-provence. Fruité et généreux, le vin s'entendra bien avec la garniture et l'assaisonnement épicé du plat, soulignant de sa rondeur le fondant des cailles. Il est également possible de servir avec cette recette, légèrement sucrée-salée, un vin blanc de type demi-sec, pour un accord à la fois fusionnel et très gourmand.

Autres accords : alsace pinot blanc, côtes-du-rhône blanc, savennières, vouvray demi-sec.

Préparation : 50 min | **Cuisson :** 1 h 10 | **Facile** | **Coût :** €€

Cannellonis à l'agneau

Pour 4 personnes

Pâtes :

- 12 feuilles de lasagnes du commerce

Farce :

- 1 oignon
- 50 g de pignons
- 1 gousse d'ail
- ½ bouquet de menthe
- 400 g d'agneau haché (épaule ou gigot)
- 1 boîte de tomates concassées (400 g)
- 1 branche de thym
- 1 feuille de laurier
- 1 pincée de piment de Cayenne (facultatif)
- 1 verre de bouillon de légumes bio
- 2 cuil. à soupe d'huile d'olive
- sel
- poivre

Finition :

- 50 g de parmesan fraîchement râpé
- 40 g de beurre fondu

1. Faites cuire *al dente* les feuilles de lasagnes sans précuisson dans une casserole d'eau bouillante salée pendant 8 min, puis laissez-les refroidir sur un torchon sec.

2. Préparez la farce. Épluchez l'oignon et émincez-le. Faites dorer les pignons dans une poêle sans matière grasse puis concassez-les grossièrement. Hachez la gousse d'ail avec un couteau ou un presse-ail. Lavez, séchez et hachez la menthe.

3. Dans une large poêle, versez 2 cuil. à soupe d'huile d'olive et faites revenir l'oignon puis l'agneau. Une fois que l'agneau est bien doré, ajoutez les tomates concassées, l'ail pressé, le thym, le laurier, les pignons, la pincée de piment et le bouillon de légumes. Salez, poivrez. Couvrez et laissez mijoter pendant 30 min environ. Ajoutez la menthe à la fin de la cuisson.

4. Confectionnez les carrés de pâte à cannellonis. Plongez-les dans une casserole d'eau bouillante salée pendant 30 sec. Égouttez-les et disposez-les sur un torchon propre, en veillant à bien les espacer pour éviter qu'ils ne collent entre eux.

5. Préchauffez le four à 180 °C (th. 6). Répartissez la farce sur les carrés de pâte et roulez-les pour obtenir des cannellonis. Disposez-les dans un plat préalablement huilé. Recouvrez le tout de parmesan râpé et arrosez de beurre fondu. Enfournez pendant 15 à 20 min à 180 °C (th. 6) jusqu'à ce que les cannellonis soient bien dorés. Servez.

VIN RECOMMANDÉ : **HAUT-MÉDOC**

Le fondant de la pâte à cannellonis et la texture moelleuse de la farce à l'agneau donnent un plat gourmand, qui demande un vin également souple et charnu, au fruité immédiat, à l'image d'un haut-médoc âgé de trois à cinq ans. Le riche bouquet de ce vin exprime des arômes de torréfaction, d'épices douces et de fruits rouges bien mûrs qui s'associeront aux parfums des aromates de la farce et à la touche fruitée de la tomate, tandis que le caractère affirmé de la viande d'agneau sera en harmonie avec la légère note d'évolution du vin.

Autres accords : bordeaux supérieur rouge, collioure rouge, corbières rouge, graves-de-vayres rouge.

Préparation : 15 min | **Cuisson :** 20 min | **Facile** | **Coût :** €

Chili con carne

Pour 4 personnes

- 300 g de viande hachée
- 600 g de haricots rouges cuits
- 2 gousses d'ail
- 1 oignon
- 2 piments rouges
- 1 cuil. à café de cannelle en poudre
- 1 cuil. à café de coriandre en poudre
- 2 feuilles de laurier
- 2 tomates
- 30 cl d'eau ou de bouillon
- 1 cuil. à soupe de concentré de tomates
- 2 cuil. à soupe d'huile de tournesol
- sel
- poivre

1. Épluchez et hachez l'ail, l'oignon et les piments. Faites revenir dans l'huile, salez, poivrez, ajoutez la cannelle, la coriandre, le laurier et enfin la viande. Cuisez-la à feu moyen jusqu'à ce qu'elle brunisse. Pelez et coupez les tomates en dés. Couvrez d'eau ou de bouillon, ajoutez le concentré de tomates et les tomates.

2. Faites cuire, à couvert et à feu doux, pendant 15 min, en mélangeant fréquemment et en versant un peu plus d'eau si besoin.

VIN RECOMMANDÉ : **MOULIN-À-VENT**

Avec les mets très relevés, il est possible de jouer la surenchère en servant un vin puissant, corsé et épicé. Ceci dit, un vin souple et de bonne vivacité comme un cru du Beaujolais, servi à la température de la cave, apportera au plat une note rafraîchissante et atténuera le caractère brûlant de l'assaisonnement. Il est cependant possible de choisir un vin aux tanins relativement denses sachant que la texture, un peu farineuse des haricots, en atténuera l'astringence et équilibrera l'accord.

Autres accords : alsace pinot noir, côtes-du-rhône, morgon, saumur-champigny.

Préparation : 30 min | **Cuisson :** 1 h 30 | **Difficile** | **Coût :** €€€

Choucroute

Pour 6 à 8 personnes

- 1 pied de porc demi-sel
- 500 g de palette de porc fumée
- 500 g d'échine de porc fraîche avec os
- 300 g de lard demi-sel
- 3 saucisses de Montbéliard fumées
- 6 saucisses de Strasbourg
- 3 saucisses blanches
- 1 couenne de lard frais
- 1,5 kg de choucroute crue
- 3 grosses pommes reinettes
- 1 oignon piqué de 4 clous de girofle
- 6 gousses d'ail
- 1 cuil. à soupe de moutarde
- 10 baies de genièvre
- ½ cuil. à café de noix muscade
- 1 branche de thym
- 1 feuille de laurier
- 30 cl de vin d'Alsace (riesling)
- 10 cl de kirsch de qualité
- poivre en grains

1. Lavez la choucroute à l'eau froide, égouttez-la. Tapissez une grande cocotte avec la couenne, partie grasse au fond. Ajoutez le pied de porc fendu en deux et étalé, une couche de choucroute, des baies de genièvre, du poivre, 1 pomme épluchée en lamelles et 2 gousses d'ail non pelées. Recommencez jusqu'à épuisement, mais gardez 1 gousse d'ail. Arrosez avec le vin et 40 cl d'eau. Ajoutez l'oignon, le thym, le laurier et la noix muscade. Couvrez et amenez à ébullition. Réduisez le feu, laissez mijoter 1 h 30.

2. Frottez les os de l'échine avec l'ail pelé, puis tartinez de moutarde. Faites frémir 20 min dans de l'eau le lard demi-sel et la palette fumée. Environ 35 à 40 min avant la fin de cuisson de la choucroute, déposez-les dessus avec l'échine, en les enfouissant légèrement.

3. Faites cuire les saucisses de Montbéliard 20 min à feu doux, et 10 min les saucisses de Strasbourg.

4. Dorez les saucisses blanches à la poêle, posez-les sur la choucroute 15 min avant la fin de la cuisson.

5. Arrosez de kirsch 5 min avant de servir avec des pommes de terre vapeur.

VIN RECOMMANDÉ : **ALSACE RIESLING**

La choucroute, spécialité emblématique de la cuisine alsacienne, nécessite un blanc fruité et expressif, mais parfaitement sec. En effet, une légère pointe de sucre résiduel équilibre agréablement l'acidité du vin au moment de l'apéritif, mais peut se révéler particulièrement gênante sur ce plat. La vivacité de l'alsace riesling et son caractère fruité subliment le chou et sa note acidulée, pour un accord tonique, tranchant avec la texture charnue et fondante des viandes demi-sel et des charcuteries.

Autres accords : alsace pinot blanc, alsace sylvaner, côtes-de-toul blanc, moselle blanc.

Préparation : 20 min | **Cuisson :** 20 min | **Facile** | **Coût :** €€€

Cuisses de pintade aux cèpes

Pour 4 personnes

- 4 cuisses de pintade
- 500 g de pommes reinettes
- 250 g de petits cèpes en conserve
- 2 cuil. à soupe d'armagnac
- 10 cl de crème liquide
- 25 g de beurre
- sel
- poivre

1. Pelez et épépinez les pommes, coupez-les en quartiers.

2. Coupez chaque cuisse de pintade en deux à la jointure.

3. Faites fondre le beurre à feu moyen dans une sauteuse. Ajoutez les cuisses de pintade et les quartiers de pommes et faites-les dorer 2 min. Salez, poivrez et poursuivez la cuisson pendant 10 min à feu doux et à couvert.

4. Égouttez et rincez les cèpes pendant la cuisson de la pintade, puis ajoutez-les avec l'armagnac et la crème au contenu de la sauteuse. Poursuivez la cuisson, à découvert, pendant 5 min en remuant souvent.

5. Dressez les cuisses de pintade sur un plat chaud, garnissez avec les pommes et les cèpes et nappez de sauce.

VIN RECOMMANDÉ : **SAINT-ÉMILION**

La chair dense et goûteuse de la cuisse de pintade, associée à la texture charnue des cèpes mijotés dans la crème, demande un vin rouge pulpeux, aux tanins fondus, comme un saint-émilion rond et délicat, qui développe après quelques années de garde un bouquet de sous-bois, de cacao et d'épices douces. L'accord sera très équilibré, fusionnel et savoureux, soulignant le moelleux des éléments du plat, juste relevé par la présence de la pomme cuite qui apporte une note acidulée rafraichissante.

Autres accords : beaumes-de-venise, fronsac, pomerol, saint-émilion-grand-cru, saumur-champigny.

Préparation : 15 min | **Cuisson :** 15 min | **Facile** | **Coût :** €€

Filets de canard aux figues

Pour 4 personnes

- 2 filets de canard
- 6 figues fraîches
- 2 cuil. à café de cinq-parfums
- 2 clous de girofle
- 1 bâton de cannelle
- 10 grains de piment de la Jamaïque
- 1 tablette de bouillon de volaille instantané
- 20 cl de vinaigre de vin
- 2 cuil. à soupe de sucre
- sel
- poivre

1. Faites chauffer le four à 200 °C (th. 7). Entaillez la peau des filets de canard en losanges.

2. Frottez la peau avec du cinq-parfums, en le faisant pénétrer dans les entailles. Poudrez légèrement le côté chair avec du cinq-parfums. Salez et poivrez les deux côtés.

3. Lavez les figues, essuyez-les et coupez la queue. Entaillez ensuite légèrement le dessus en croix.

4. Mettez le vinaigre, le sucre, les clous de girofle, la cannelle et le piment dans une casserole. Faites fondre le sucre à feu doux, en remuant, portez à ébullition et laissez réduire à feu vif 15 min jusqu'à ce que cela devienne sirupeux et forme des bulles.

5. Pendant ce temps, déposez les filets de canard sur une grille au-dessus d'un plat, côté peau au-dessus. Rangez les figues dans un autre plat. Mettez les deux plats au four et laissez cuire 15 min.

6. Faites dissoudre la tablette de bouillon de volaille dans 20 cl d'eau bouillante, versez dans la casserole.

7. Gardez les filets au chaud. Jetez la graisse du plat, versez le contenu de la casserole dans le plat, à travers une passoire, et grattez avec une spatule pour dissoudre les sucs. Ajoutez 2 figues cuites, écrasez-les, versez dans un récipient creux et mixez. Versez ensuite le tout dans une saucière.

8. Coupez les filets de canard en lamelles, rangez-les sur un plat, entourez-les des 4 figues et servez chaud avec la sauce à part.

Variante : Vous pouvez faire cuire les filets de canard à la poêle, côté peau uniquement, ou sous le gril du four. Si vous les remplacez par des cuisses de canard, augmentez légèrement le temps de cuisson.

VIN RECOMMANDÉ : **LANGUEDOC PIC-SAINT-LOUP**

Le canard est une viande qui s'associe très bien aux garnitures sucrées-salées. Le caractère juteux des filets de canard et la chair moelleuse des figues invitent à choisir un vin aux tanins denses et veloutés et doté d'un fruité expressif. Tout en finesse et en fraîcheur, un languedoc-pic-saint-loup, au bouquet méridional de fruits noirs bien mûrs, de garrigue et d'épices douces, offrira un accord très harmonieux des textures et des arômes. Un vin doux naturel de type oxydatif donnera, quant à lui, un accord gourmand, en harmonie avec les fruits du plat.
Autres accords : languedoc-grès-de-montpellier, pécharmant, rivesaltes tuilé, vinsobres.

Préparation : 15 min | **Cuisson :** 1 h 30 | **Très facile** | **Coût :** €€

Goulasch

Pour 6 personnes

- 800 g de gîte de bœuf
- 2 gros oignons
- 1 cuil. à soupe de farine
- 1 cuil. à soupe de paprika en poudre
- 10 cl de vin blanc sec
- 15 cl de bouillon de bœuf
- 6 tomates pelées (fraîches ou en conserve)
- 1 feuille de laurier
- 1 cuil. à soupe d'huile d'olive
- sel
- poivre du moulin

1. Coupez la viande en dés. Épluchez et hachez grossièrement les oignons.

2. Faites chauffer l'huile à feu moyen dans une cocotte. Ajoutez les cubes de bœuf et les oignons. Faites-les revenir jusqu'à ce qu'ils soient dorés. Saupoudrez de farine et de paprika. Salez et poivrez. Remuez.

3. Mouillez avec le vin blanc et le bouillon de bœuf. Laissez cuire à petit feu pendant 1 h, en remuant de temps en temps. Ajoutez les tomates pelées et la feuille de laurier. Poivrez. Laissez cuire à nouveau pendant 30 min avant de servir. Accompagnez de riz.

VIN RECOMMANDÉ : **SAINT-MONT ROUGE**

Ce plat savoureux, au goût typé de paprika, demande un vin de concentration moyenne, toutefois corsé et rond, offrant de généreux arômes de fruits rouges et d'épices. La texture charnue du vin soulignera le fondant de la viande, la sauce, marquée par la présence de la tomate, s'associera au caractère fruité du vin, tandis que l'ensemble développera d'agréables notes épicées. Si le plat est très relevé, il est possible de choisir un vin rouge plus léger et vif, qui rafraîchira l'accord et atténuera le caractère un peu brûlant de l'assaisonnement.

Autres accords : brouilly, côtes-de-provence rouge, irouléguy rouge, languedoc rouge.

Préparation : 15 min | **Cuisson :** 30 min | **Facile** | **Coût :** €

Gratin de châtaignes aux épices

Pour 4 personnes

- 1 boîte de châtaignes cuites (500 g)
- 1 gousse de vanille
- 10 cl de lait de coco
- 15 cl de lait
- 1 sachet de sucre vanillé

1. Préchauffez le four à 180 °C (th. 6). Égouttez les châtaignes. Disposez-les dans un plat à gratin.

2. Coupez la gousse de vanille en deux et grattez les graines à l'aide d'une pointe de couteau. Dans un bol, mélangez les 2 laits avec le sucre vanillé et les graines de vanille.

3. Versez le mélange de laits vanillés sur les châtaignes et faites cuire le gratin 30 min à 180 °C (th. 6).

Conseil : Si ce n'est pas la saison, vous pouvez utiliser des châtaignes en bocaux.

VIN RECOMMANDÉ : **CÔTES-DU-RHÔNE ROUGE**

Ce plat met en valeur très simplement les châtaignes, en révélant tout le fondant de ce petit fruit à la saveur un peu sucrée. Le lait de coco ainsi que la vanille renforcent cette sensation de moelleux, et invitent à choisir un vin rouge simple, sur le fruit, aux tanins souples et veloutés, dans la tonalité du plat. Après un ou deux ans de garde, un côtes-du-rhône, riche en cépage grenache, offrira gourmandise et texture peu tannique, apte à souligner la consistance et la douceur de ces châtaignes confites dans le lait.

Autres accords : côtes-d'auvergne rouge, côtes-du-rhône-villages-laudun rouge, rasteau blanc, rivesaltes ambré.

Préparation : 30 min | **Cuisson :** 45 min | **Difficile** | **Coût :** €€

Gratin de filet mignon aux panais, poires et citron

Pour 6 personnes

- 4 panais
- 2 poires Conférence
- 800 g de filet mignon de porc
- 2 cuil. à soupe de miel
- 1 citron non traité
- 2 noix de beurre
- 1 filet d'huile d'olive

1. Préchauffez le four à 180 °C (th.6). Pelez les panais et coupez-les en quatre dans le sens de la longueur. Faites-les cuire 10 min à la vapeur.

2. Pelez les poires et coupez-les en quatre dans le sens de la longueur. Coupez le filet mignon en tronçons de 2 cm de large et faites dorer les morceaux 2 min dans une poêle chaude avec 1 noix de beurre.

3. Dans la même poêle, faites dorer d'abord les panais puis dans un second temps les poires avec 1 noix de beurre et le miel. Coupez le citron en rondelles de ½ cm d'épaisseur avec un petit couteau bien aiguisé.

4. Dans un plat à gratin, disposez les panais, les poires, les tronçons de filet mignon et les rondelles de citron. Recouvrez de 1 filet d'huile d'olive et faites cuire 20 min à 180 °C (th. 6).

VIN RECOMMANDÉ : **CHAMPAGNE DEMI-SEC**

Un plat qui joue sur l'équilibre salé-sucré entre un tendre et savoureux filet mignon de porc, et une garniture de légumes anciens et de poires caramélisées au miel. La douceur et la rondeur d'un champagne demi-sec, aux arômes de fruits blancs compotés, d'épices douces et de miel, s'équilibrera avec les parfums et la note sucrée du plat, laissant apparaître ensuite une agréable vivacité renforcée par l'acidité du citron. Un accord harmonieux et gourmand, possible grâce à la grande fraîcheur toujours sous-jacente du champagne.

Autres accords : alsace pinot gris, champagne extra-dry, champagne sec, coteaux-du-layon.

Préparation : 30 min | **Cuisson :** 30 min | **Coût :** €€

Gratin de saint-jacques, pommes de terre et beurre coriandre-vanille

Pour 6 personnes

- 1 kg de pommes de terre
- 1 cuil. à soupe de crème fraîche
- 1 bouquet de coriandre
- 1 gousse de vanille
- 20 g de beurre
- 8 belles noix de Saint-Jacques
- 1 filet d'huile d'olive
- sel
- poivre du moulin

1. Préchauffez le four à 180 °C (th. 6). Épluchez, lavez et coupez les pommes de terre en gros morceaux. Faites-les cuire pendant 15 min à la vapeur. Une fois cuites, écrasez les pommes de terre avec la crème fraîche et 1 filet d'huile d'olive. Salez, poivrez.

2. Ciselez finement le bouquet de coriandre. Coupez la gousse de vanille en deux dans le sens de la longueur et récupérez les graines à l'aide de la pointe d'un petit couteau. Travaillez le beurre en pommade en l'écrasant à l'aide d'une cuillère en bois jusqu'à ce qu'il prenne une texture crémeuse. Une fois le beurre ramolli, incorporez 2 cuil. à soupe de coriandre ciselée et les graines de vanille.

3. Coupez les noix de Saint-Jacques en fines lamelles avec un petit couteau bien aiguisé. Salez-les et poivrez-les légèrement.

4. Dans un plat à gratin, disposez la purée de pommes de terre puis les lamelles de noix de Saint-Jacques. Parsemez sur le dessus quelques copeaux de beurre coriandre-vanille. Faites cuire le gratin 15 min à 180 °C (th. 6).

VIN RECOMMANDÉ : **SAVENNIÈRES**

Un gratin qui met en valeur la texture délicate des saint-jacques, que renforce la purée de pommes de terre, assouplie par la présence de la crème fraîche et de l'huile d'olive. Le parfum typé de la vanille apporte à ce plat originalité et élégance, l'ensemble appelant un vin blanc aux notes de fruits blancs et d'agrumes, équilibré entre douceur et fraîcheur. La rondeur maîtrisée du vin s'associera à la finesse du plat, et son caractère fruité fera écho à la note un peu végétale de la coriandre.

Autres accords : anjou blanc, chablis, crémant-de-loire blanc, faugères blanc.

Préparation : 10 min | **Macération :** 15 min | **Cuisson :** 45 min | **Facile** | **Coût :** €

Lapin à la mode de Dijon

Pour 6 personnes

- 1,8 à 2 kg de lapin coupé en morceaux
- 3 échalotes
- 60 g de beurre
- 15 cl de crème liquide
- 3 cuil. à soupe de moutarde
- 10 cl de vinaigre de vin
- 2 cuil. à soupe d'huile
- sel
- poivre du moulin

1. Mettez les morceaux de lapin dans un plat à four, arrosez-les de vinaigre, salez et poivrez. Pelez, hachez et ajoutez les échalotes. Remuez et laissez macérer 15 min. Préchauffez le four à 200 °C (th. 6).

2. Enduisez les morceaux de lapin de moutarde, arrosez-les d'huile et parsemez-les du beurre coupé en morceaux. Faites cuire au four 35 min. Ajoutez la crème et poursuivez la cuisson 10 min.

VIN RECOMMANDÉ : **CHABLIS**

Cette recette de lapin est une grande spécialité bourguignonne et particulièrement de la région de Dijon, capitale de la moutarde. Le caractère acidulé de la sauce est renforcé par la présence des échalotes et du vinaigre, et demande un vin blanc de bonne fraîcheur. Un chablis offrira un nez très minéral évoquant le silex, la pomme verte, les agrumes ou encore les fleurs blanches et la menthe fraîche. En bouche, ce vin de grande pureté, fin et très sec, tiendra tête à la saveur relevée de la sauce du plat et tranchera avec le moelleux de la chair du lapin.

Autres accords : alsace pinot noir, givry blanc, mâcon blanc, saumur blanc.

Préparation : 40 min | **Cuisson :** 45 min | **Facile** | **Coût :** €€

Lasagnes au bar et fenouils

Pour 4 personnes

Pâtes :

- 18 à 20 feuilles de lasagnes sans précuisson

Farce :

- 2 fenouils
- 500 g à 600 g de filet de bar sans peau
- 3 cuil. à soupe d'huile d'olive
- sel
- poivre

Béchamel :

- 40 g de beurre
- 40 g de farine
- 50 cl de lait
- 1 pincée de muscade fraîchement râpée
- sel
- poivre

Finition :

- 50 g de parmesan

1. Préparez la béchamel. Faites fondre le beurre, saupoudrez la surface de farine et mélangez. Faites chauffer pendant 10 s sur feu moyen. Versez le lait progressivement, en mélangeant sans cesse au fouet pour éviter les grumeaux. Assaisonnez la béchamel avec du sel, du poivre et la noix muscade. Laissez-la cuire à faible ébullition sans cesser de remuer pendant 5 à 6 min.

2. Préparez la farce. Lavez, émincez les fenouils et faites-les revenir dans une poêle avec 2 cuil. à soupe d'huile d'olive pendant 6 à 7 min. Salez, poivrez. Coupez le bar en lamelles. Poêlez-les avec 1 filet d'huile d'olive, sans les cuire complètement.

3. Plongez les feuilles de lasagne dans une casserole d'eau bouillante salée pendant 30 s. Égouttez-les et disposez-les sur un torchon propre.

4. Préchauffez le four à 180 °C (th. 6). Dans un plat à gratin huilé, versez une couche de béchamel puis déposez alternativement une couche de lasagnes, une couche de bar et de fenouil et une couche de béchamel. Terminez par une couche de béchamel et parsemez de parmesan râpé. Enfournez pour 20 min en recouvrant le plat d'une feuille d'aluminium puis retirez-la et faites gratiner pendant 5 min. Laissez reposer 5 min puis servez.

VIN RECOMMANDÉ : **BELLET BLANC**

Un classique de la cuisine familiale décliné sur le thème des produits de la mer. Le contexte général du plat favorise le fondant de la sauce béchamel qui accompagne la délicatesse de la chair du bar. Cette recette demande un vin blanc suave, tendre, complexe, dans la tonalité de ce poisson à la fois charnu et très fin, comme un bellet blanc. D'une bonne fraîcheur, rehaussé d'une note de menthol et d'agrumes, ce vin contrebalancera l'accord et tiendra tête à l'arôme frais et légèrement végétal du fenouil.

Autres accords : cassis blanc, clairette-de-bellegarde, coteaux-d'aix-en-provence blanc, menetou-salon blanc.

Préparation : 15 min | **Cuisson :** 25 min | **Facile** | **Coût :** €€

Marmite de crevettes, harissa et safran

Pour 4 personnes

- 1 kg de crevettes moyennes crues
- 4 tomates
- 1 gros oignon
- 2 fenouils
- 200 g de haricots verts
- 1 cuil. à café de graines de carvi
- 1 dose de safran
- 1 petit bol d'herbes fraîches hachées : ciboulette, persil, estragon…
- 1 cuil. à café de harissa
- le jus d'1 citron
- 4 cuil. à soupe d'huile d'olive
- sel
- poivre

1. Rincez les crevettes et égouttez-les. Lavez les tomates et coupez-les en rondelles. Épluchez l'oignon et émincez-le. Coupez les fenouils en deux et éliminez les parties externes trop fibreuses. Émincez-les. Équeutez les haricots verts et rincez-les.

2. Faites sauter les légumes 5 min à l'huile d'olive. Ajoutez le carvi, le safran, les herbes, du sel, du poivre et la harissa. Versez 1 demi-verre d'eau, le jus du citron et couvrez.

3. Faites mijoter à feu très doux pendant 15 à 20 min, puis ajoutez les crevettes, mélangez et poursuivez la cuisson quelques minutes, jusqu'à ce qu'elles rougissent.

Variante : Vous pouvez remplacer les fenouils et les haricots par des champignons, des blancs de poireaux, des carottes ou des pointes d'asperges.

VIN RECOMMANDÉ : **VACQUEYRAS ROSÉ**

Un plat au caractère méridional qui s'impose, alliant le fruité de la tomate et de l'oignon, le piquant et la sapidité des épices, et la fraîcheur un peu végétale et séveuse des fines herbes. Il faut opposer à cette préparation corsée un vin typé, à la fois aromatique et de bonne structure, comme un rosé du cru vacqueyras, aux notes de fruits rouges, de garrigue et d'épices douces. L'accord sera tonique et enlevé, d'abord basé sur la puissance, puis relayé par une grande fraîcheur et la sensation du moelleux de la chair des crevettes, qui soulignera le gras du vin.

Autres accords : bordeaux clairet, buzet rosé, gigondas rosé, vacqueyras rosé.

Préparation : 20 min | **Cuisson :** 15 min | **Très facile** | **Coût :** €

Moules marinières

Pour 2 à 3 personnes

- 1,4 kg de moules de Bouchot
- 1 noix de beurre
- 2 échalotes
- 1 cuil. à soupe de farine
- 25 cl de vin blanc
- quelques brins de persil frais
- 5 cl de crème liquide
- sel
- poivre du moulin

1. Frottez les coquilles des moules avec une petite brosse pour bien les nettoyer et rincez-les soigneusement sous l'eau froide.

2. Dans une grande cocotte, faites fondre le beurre et ajoutez les échalotes préalablement pelées et coupées en petits morceaux. Laissez-les suer quelques minutes et saupoudrez le tout de farine. Versez le vin blanc et remuez. Salez, poivrez et ajoutez du persil haché.

3. Versez les moules dans la cocotte et remuez délicatement en soulevant bien toutes les coquilles. Couvrez la cocotte et laissez cuire pendant 15 min. Remuez de temps en temps.

4. En fin de cuisson, versez la crème dans la cocotte et mélangez. Servez bien chaud avec quelques frites en accompagnement.

VIN RECOMMANDÉ : **MUSCADET-COTEAUX-DE-LA-LOIRE**

Les moules, dans leur expression la plus simple, demandent un vin blanc sans artifices, vif, et marqué par des arômes primaires de fruits blancs, de fruits exotiques et d'agrumes. Un muscadet-coteaux-de-la-loire constitue le compagnon idéal de ce plat convivial, associant son caractère minéral à la note iodée et marine des moules. La garniture d'échalotes et de persil apporte une saveur fraîche un peu piquante, qui donne à ce mariage gourmand et savoureux beaucoup de relief.

Autres accords : alsace sylvaner, côtes-de-provence blanc, entre-deux-mers, savennières.

Préparation : 30 min | **Cuisson :** 3 h | **Difficile** | **Coût :** €€€

Oie de Noël farcie

Pour 8 à 12 personnes

- 1 jeune oie de 3,5 à 4 kg (ou à défaut 1 gros canard)
- ½ citron

Pour la farce :

- 4 boudins blancs truffés (environ 650 g)
- 250 g de foie gras frais
- 6 échalotes 2 pommes acides (Granny Smith)
- 4 à 5 tranches de pain de mie débarrassées de leur croûte
- 10 cl d'eau-de-vie de quetsche (ou de mirabelle)
- 20 cl de tokay-pinot gris
- 50 g de beurre
- ½ cuil. à café de thym émietté
- 1 cuil. à café de quatre-épices
- sel
- poivre

1. Retirez l'excédent de graisse qui se trouve à l'intérieur de l'oie. Frottez toute la peau de la volaille avec le citron. Laissez sécher.

2. Coupez le foie et le gésier de l'oie, ainsi que les échalotes, en minuscules petits dés. Faites-les dorer dans une poêle avec le beurre de 6 à 8 min à feu moyen en remuant fréquemment. Salez, poivrez.

3. Versez dans une jatte. Ajoutez la mie de pain, l'eau-de-vie, le quatre-épices, le thym, la chair des boudins blancs et les pommes coupées en petits dés. Salez, poivrez et mélangez bien le tout en farce. Allumez le four à 200 °C (th. 6).

4. Coupez le foie gras frais en petits cubes et incorporez-les délicatement dans la farce, sans les écraser.

5. Remplissez le ventre de l'oie avec cette farce. Cousez l'ouverture avec du fil alimentaire.

6. Salez et poivrez la peau de la volaille, puis posez-la dans un grand plat à four (de préférence en terre). Versez le tokay dans le fond du plat. Faites cuire 3 h au four en arrosant de temps en temps avec le jus du plat.

7. L'oie est cuite si, en piquant une cuisse avec la pointe d'un couteau fin, le jus qui s'écoule est jaune pâle. Éteignez alors le four et laissez reposer 10 min, porte ouverte, pour détendre la viande.

Conseils : Servez chaud accompagné de purées diverses : pois cassés, carottes, céleri. Vous pouvez utiliser l'excédent de graisse pour faire cuire des pommes de terre.

VIN RECOMMANDÉ : **ALSACE PINOT NOIR**

Ce plat festif, à la fois riche et délicat, demande un vin rouge tendre, savoureux et long en bouche, à l'image d'un alsace pinot noir. Bien que beaucoup plus rares que les blancs, ces rouges frais et veloutés sont produits par la plupart des vignerons. Après quelques années de bouteille, ils gagnent en finesse et développent des arômes de fruits à l'eau-de-vie et de sous-bois, permettant avec cette oie farcie, un accord complexe, aussi bien au niveau des textures que sur le plan aromatique, les notes épicées et légèrement confites, faisant écho aux parfums du plat.

Autres accords : hermitage rouge, madiran, médoc, pommard.

Préparation : 30 min | **Cuisson :** 5 min | **Difficile** | **Coût :** €€

Paloudes gratinées au beurre de noisettes

Pour 4 personnes

- 4 douzaines de palourdes
- 20 g de beurre demi-sel
- 3 petites échalotes
- gros sel
- poivre du moulin

Beurre de noisettes :

- 100 g de beurre demi-sel à température ambiante
- 70 g de noisettes concassées
- 80 g de pain aux noisettes
- 5 cl du jus des palourdes et les échalotes cuites
- poivre du moulin

1. Nettoyez et brossez les palourdes. Épluchez et ciselez les échalotes.

2. Dans un faitout, faites fondre 20 g de beurre demi-sel et faites suer les échalotes. Ajoutez les coquillages et faites-les ouvrir. Réservez. Filtrez le jus des palourdes au travers d'une passoire fine ou d'un chinois. Laissez le jus refroidir et réservez-le, ainsi que les échalotes.

3. Préparez le beurre de noisettes : émiettez le pain aux noisettes avec sa croûte. Dans un saladier, mélangez 100 g de beurre demi-sel avec les noisettes concassées, le pain émietté et le poivre du moulin. Ajoutez 5 cl du jus des palourdes et les échalotes cuites. Mélangez bien.

4. Allumez le gril du four. Détachez la chair de chaque palourde et replacez-la dans une demi-coquille. À l'aide d'un couteau, recouvrez la chair de beurre de noisettes.

5. Versez du gros sel sur une plaque de four et déposez les palourdes garnies. Passez-les sous le gril juste le temps de les faire dorer.

VIN RECOMMANDÉ : **CHAMPAGNE BRUT BLANC DE BLANCS**

Beurre et noisette marquent de leurs arômes séduisants et délicats ces palourdes simplement gratinées. Une préparation gourmande et savoureuse qui s'associera à un champagne blanc de blancs, vif, gras et crémeux en milieu de bouche, exprimant des arômes d'agrumes, de pain grillé, de brioche et de fruits secs. L'accord sera à la fois ton sur ton au niveau des parfums et dynamique, la fraîcheur du vin contrastant avec la texture moelleuse de la chair des palourdes et le gras du beurre fondu aux éclats de noisette.

Autres accords : champagne brut sans année, coteaux-champenois blanc, limoux blanc, montagny.

Préparation : 10 min | **Cuisson :** 20 min | **Facile** | **Coût :** €€

Papillote de cabillaud aux agrumes

Pour 6 personnes

- 6 filets de cabillaud de 180 g
- 2 tomates
- 1 oignon
- 2 pomelos
- 1 orange
- 3 cl d'huile d'olive
- sel
- poivre

Matériel

- 6 carrés de papier sulfurisé de 25 x 25 cm

1. Préchauffez le four à 200 °C (th. 6-7).

2. Coupez les tomates en rondelles. Épluchez et émincez finement l'oignon. Pelez à vif et prélevez les quartiers des pomelos et de l'orange en conservant leur jus.

3. Disposez, au centre de chaque carré de papier sulfurisé, 3 rondelles de tomate et recouvrez d'oignon. Déposez dessus le poisson, salez, poivrez et répartissez les quartiers d'orange et de pomelos.

4. Arrosez avec le jus des fruits. Fermez hermétiquement les papillotes et faites-les cuire 20 min au four.

VIN RECOMMANDÉ : **CHAMPAGNE BRUT ROSÉ**

Cette papillote permet d'apprécier la délicatesse de la chair du cabillaud, simplement cuit dans sa propre vapeur et parfumé du fruité du pomelo, de l'orange et de la tomate. Juste relevée de l'acidité des agrumes, une préparation qui demande un champagne frais et fruité, comme un brut rosé aux arômes de petits fruits rouges, de framboise et de fraise, en écho aux parfums du plat. La bouche savoureuse du vin, qui sera plus ou moins ample, gras et rond, donnera un accord équilibré sur la texture du poisson.

Autres accords : cassis blanc, champagne brut blanc de noirs, champagne brut sans année, coteaux-du-loir blanc.

Préparation : 15 min | **Cuisson :** 20 min | **Facile** | **Coût :** €€€

Papillote de darne de saumon aux petits légumes

Pour 6 personnes

- 6 darnes de saumon (d'environ 180 g)
- 2 carottes
- 1 courgette
- 1 blanc de poireau
- 2 citrons
- 6 cl d'huile d'olive
- sel
- poivre

Matériel

- 6 carrés de papier sulfurisé de 25 x 25 cm

1. Préchauffez le four à 200 °C (th. 6-7).

2. Épluchez les carottes. Taillez-les en tagliatelles, ainsi que la courgette, à l'aide d'un couteau économe. Émincez le blanc de poireau.

3. Poêlez brièvement les légumes avec un peu d'huile d'olive. Salez et poivrez. Découpez les citrons en fines rondelles.

4. Disposez 3 tranches de citron au centre de chaque carré de papier sulfurisé.

5. Déposez 1 darne de saumon sur chacun, puis répartissez équitablement les légumes. Arrosez d'un filet d'huile d'olive.

6. Fermez hermétiquement les papillotes et enfournez-les pour 15 min. Dégustez au sortir du four.

VIN RECOMMANDÉ : **LADOIX BLANC**

La délicatesse et le caractère légèrement gras du saumon demandent un vin blanc assez ferme, comme un ladoix, cru de la Côte de Beaune, au nez élégant, d'abord floral, puis marqué par une note beurrée, de tendres arômes de fruits blancs et une touche d'épices douces. Le gras et l'ampleur du vin souligneront la consistance fondante du poisson et des petits légumes, le fruité du ladoix se mêlant au parfum de l'huile d'olive. La fraîcheur du vin donnera une agréable finale tonique et persistante.

Autres accords : alsace riesling, chablis, roussette-de-savoie, viré-clessé.

Préparation : 15 min | **Cuisson :** 30 min | **Facile** | **Coût :** €€

Papillote de lapin aux pruneaux

Pour 6 personnes

- 6 râbles de lapin
- 200 g de pruneaux
- 150 g de lard fumé
- 3 cl d'huile d'olive
- sel
- poivre

Matériel

- 6 carrés de papier sulfurisé de 25 x 25 cm

1. Préchauffez le four à 180 °C (th. 6).

2. Faites gonfler les pruneaux en les couvrant d'eau chaude pendant 15 min, puis égouttez-les. Pendant ce temps, taillez le lard en dés.

3. Disposez les râbles de lapin au centre des carrés de papier sulfurisé. Salez légèrement et poivrez. Répartissez les pruneaux et les dés de lard dessus et arrosez le tout d'un filet d'huile d'olive.

4. Fermez hermétiquement les papillotes et enfournez-les pour 30 min. Dégustez-les au sortir du four, accompagnées de riz.

VIN RECOMMANDÉ : **PALETTE ROUGE**

Cette papillote de lapin aux pruneaux joue sur le contraste très gourmand du sucré-salé et s'accordera bien avec un vin rouge dense et velouté, aux arômes de petits fruits rouges et noirs confits, d'épices douces et de garrigue, à l'image des vins très élégants du petit cru palette. Cette appellation produit des rouges profonds et de bonne fraîcheur, propres à mettre en valeur la chair délicate du lapin cuit à l'étouffé et à offrir une palette aromatique en harmonie avec la garniture du plat.

Autres accords : bellet rouge, côtes-de-bourg rouge, grignan-les-adhémar rouge, morgon.

Préparation : 15 min | **Cuisson :** 45 min | **Facile** | **Coût :** €€

Papillote de poulet façon forestière

Pour 6 personnes

- 6 cuisses de poulet
- 500 g de champignons de Paris
- 1 oignon
- 20 cl de crème liquide
- 4 cl d'huile d'olive
- sel
- poivre

Matériel

- 6 carrés de papier sulfurisé de 25 x 25 cm

1. Préchauffez le four à 210 °C (th. 7).

2. Enlevez le pied des champignons et émincez-les finement. Épluchez et hachez l'oignon. Dans une poêle, faites chauffer 2 cl d'huile d'olive. Faites revenir l'oignon à feu doux 2 min.

3. Ajoutez les champignons et poursuivez la cuisson à feu vif jusqu'à ce que presque tout le liquide soit évaporé. Ajoutez la crème, salez, poivrez et laissez cuire 5 min. Dans une poêle, faites dorer les cuisses de poulet avec le reste d'huile.

4. Placez 1 cuisse de poulet au centre de chaque carré de papier sulfurisé. Couvrez-les de crème aux champignons et fermez hermétiquement les papillotes. Enfournez- les pour 35 min.

VIN RECOMMANDÉ : **JULIÉNAS**

La recette classique du poulet façon forestière est ici revisitée en version simplifiée. Cette préparation demande un vin rouge de bonne structure, rond et savoureux, qui livrera à l'issue de quelques années d'élevage en cave des arômes d'humus, de fourrure, de sous-bois et d'épices douces, ainsi qu'une texture de tanins assagis. Un juliénas opposera à la chair du poulet et à l'onctuosité de la sauce, un corps moelleux et plein, et livrera de séduisants parfums en harmonie avec la garniture du plat.

Autres accords : aloxe-corton rouge, brouilly, minervois rouge, régnié.

Préparation : 15 min | **Cuisson :** 25 min | **Facile** | **Coût :** €€€

Papillote de rouget aux artichauts violets et fenouil

Pour 6 personnes

- 6 rougets (de 200 g chacun)
- 2 bulbes de fenouil
- 1 poireau
- 1 oignon
- 2 artichauts violets
- 2 tomates
- 2 gousses d'ail
- 1 citron jaune
- 2 anis étoilés (ou étoiles de badiane)
- 5 cl d'huile d'olive
- 20 cl de vin blanc
- 1 branche de romarin
- sel
- poivre

Matériel

- 6 carrés de papier sulfurisé de 25 x 25 cm

1. Réalisez une marinade avec 3 cl d'huile d'olive, le vin blanc et l'anis étoilé. Répartissez la marinade sur les rougets et conservez au frais pendant 1 h.

2. Préchauffez votre four à 210 °C (th. 7).

3. Ôtez la base et les feuilles extérieures des fenouils. Émincez- les, ainsi que le poireau et l'oignon. Épluchez les artichauts et ne conservez que les cœurs. Taillez-les en dés. Coupez les tomates et les citrons en rondelles. Épluchez et hachez l'ail finement.

4. Faites revenir l'oignon, le fenouil, le poireau et les cœurs d'artichauts avec 2 cl d'huile d'olive. Ajoutez l'ail, salez, poivrez et laissez cuire 5 min.

5. Répartissez les légumes au centre des carrés de papier sulfurisé. Déposez dessus les rougets, quelques brins de romarin, les rondelles de tomates et de citron. Fermez hermétiquement les papillotes et enfournez-les 15 min. Dégustez au sortir du four.

VIN RECOMMANDÉ : **SAINT-JOSEPH BLANC**

Le rouget est un poisson au goût iodé et à la chair dense et savoureuse, qui s'adapte à de nombreuses préparations et peut s'accorder, selon l'accompagnement, à toutes les couleurs de vin. Ici, fenouil et artichauts violets apportent une note végétale au plat, auquel l'ail rajoute son parfum typé, et appellent un blanc frais et aromatique, à l'image d'un saint-joseph blanc. Le bouquet floral de ce vin, rappelant le chèvrefeuille et le narcisse, tiendra tête aux parfums du plat, et son caractère gras et rond s'accordera à merveille à la texture du poisson.

Autres accords : ajaccio blanc, costières-de-nîmes blanc, hermitage blanc, palette blanc.

Préparation : 15 min | **Cuisson :** 35 min | **Facile** | **Coût :** €€€

Papillote de veau au raisin

Pour 6 personnes

- 6 fines escalopes de veau
- 4 courgettes
- 60 g de beurre
- 1 grappe de raisin
- 1 branche d'estragon
- sel
- poivre

Matériel

- 6 carrés de papier sulfurisé de 25 x 25 cm

1. Préchauffez le four à 210 °C (th. 7).

2. Lavez les courgettes et coupez-les en rondelles de 0,5 cm d'épaisseur. Portez un grand volume d'eau salée à ébullition et faites-y cuire les courgettes pendant 5 min. Égouttez-les et réservez.

3. Répartissez les courgettes au centre des carrés de papier sulfurisé. Déposez dessus les escalopes de veau. Assaisonnez légèrement, puis déposez le beurre en parcelles, les grains de raisin et quelques feuilles d'estragon.

4. Fermez hermétiquement les papillotes. Enfournez-les pour 25 min.

VIN RECOMMANDÉ : **COTEAUX-CHAMPENOIS BLANC**

Ce plat allie la délicatesse de la viande de veau et le fondant de la courgette, accentués par la note de douceur fruitée des grains de raisin. Une préparation simple et très tendre, relevée de la fraîcheur de l'estragon, qui demande un vin vif, aux arômes délicats de fruits blancs et d'agrumes, comme un coteaux-champenois blanc. Ce vin tranquille est élaboré à partir du cépage chardonnay, qui lui confère finesse et légèreté, permettant ici un accord ton sur ton, rehaussé en finale par la bonne vivacité du vin.

Autres accords : champagne blanc de blancs, champagne brut sans année, languedoc blanc, luberon blanc.

Préparation : 30 min | **Cuisson :** 35 min | **Facile** | **Coût :** €

Parmentier de confit de canard

Pour 6 personnes

- 1 kg de pommes de terre
- 20 cl de lait
- 20 g de beurre
- 3 cuisses de canard confit
- 1 gousse d'ail
- 4 brins de persil plat
- 30 g de cerneaux de noix
- 2 cuil. à soupe de chapelure de biscottes
- 1 cuil. à soupe de graisse de canard
- sel
- poivre du moulin

1. Préchauffez le four à 200 °C (th. 6-7). Épluchez et lavez les pommes de terre, puis coupez-les en gros morceaux. Faites-les cuire à la vapeur pendant 15 min. Une fois cuites, écrasez-les avec un presse-purée ou à la fourchette et mélangez-les avec le lait et le beurre. Salez, poivrez.

2. Effilochez les cuisses de confit de canard en petits bouts. Pelez et hachez la gousse d'ail. Lavez, séchez et ciselez le persil plat. Mélangez le canard, l'ail, le persil et les noix grossièrement concassées.

3. Dans un plat à gratin que vous aurez graissé avec la graisse de canard, déposez une couche épaisse de purée de pommes de terre. Répartissez par-dessus une couche de confit de canard. Saupoudrez de chapelure. Faites cuire 15 min à 200 °C (th. 6-7). Terminez la cuisson en mettant le gratin 5 min sous le gril du four

VIN RECOMMANDÉ : **MADIRAN**

Un plat riche et roboratif, dominé par le fondant du confit de canard, qui demande un vin dense, corsé, doté d'un milieu de bouche fin et moelleux. Un madiran, qui tient sa puissance du cépage tannat, opposera à la richesse aromatique du plat un bouquet riche et soutenu, fait de notes fruitées évoquant la framboise, agrémenté de touches de genièvre, de torréfaction et d'épices douces. Le gras du plat allié à la purée de pommes de terre assagiront la trame tannique du vin, patinée par quelques années de vieillissement en cave.

Autres accords : bandol rouge, béarn rouge, listrac-médoc, maury rouge.

Préparation : 10 min | **Cuisson :** 35 min | **Facile** | **Coût :** €€

Parmentier de la mer

Pour 6 personnes

- 800 g de pommes de terre
- 500 g de filets de cabillaud
- 10 crevettes roses décortiquées
- 15 cl de lait
- 50 g de comté
- 20 g de beurre + 10 g pour le plat
- 1 filet d'huile d'olive
- sel
- poivre du moulin

1. Préchauffez le four à 180 °C (th. 6). Épluchez les pommes de terre, coupez-les en gros dés et faites-les cuire 15 min à la vapeur.

2. Salez, poivrez et huilez les filets de cabillaud et faites-les cuire dans un plat au four pendant 5 min. Découpez les crevettes en petits tronçons. Une fois les filets de cabillaud cuits, émiettez-les et mélangez-les aux crevettes.

3. Écrasez les pommes de terre avec un presse-purée ou à la fourchette. Ajoutez le beurre et le lait pour obtenir une purée onctueuse. Salez, poivrez.

4. Râpez le comté.

5. Beurrez un plat à gratin. Au fond, disposez la purée de pommes de terre, puis le mélange de cabillaud et de crevettes et saupoudrez généreusement de comté râpé. Faites gratiner pendant 15 min à 180 °C (th. 6).

VIN RECOMMANDÉ : **ENTRE-DEUX-MERS HAUT-BENAUGE**

Un plat familial, inspiré de la cuisine de terroir, et adapté aux produits de la mer. Cabillaud et crevettes apportent une texture charnue que rehaussent l'onctuosité et la finesse de la purée. Un blanc de l'appellation entre-deux-mers haut-benauge offrira un excellent équilibre entre la rondeur du cépage sémillon et la vivacité du sauvignon, pour un accord allant à la fois dans le sens du plat, et rafraîchi par la note acidulée du vin. Il est recommandé de choisir un vin jeune, au fruité bien présent.

Autres accords : alsace sylvaner, chablis, graves blanc, pessac-léognan blanc.

Préparation : 30 min | **Cuisson :** 20 min | **Facile** | **Coût :** €€

Parpadelles aux cèpes et poulet à la crème

Pour 4 personnes

Pâtes :

- 400 g de parpadelles

Garniture :

- 300 g de cèpes frais
- 3 blancs de poulet
- 2 gousses d'ail
- ½ botte de persil plat
- 20 cl de crème liquide
- 20 g de beurre
- 2 filets d'huile d'olive
- 1 filet d'huile de truffe blanche
- 100 g de parmesan fraîchement râpé
- sel
- poivre

1. Préparez la garniture. Brossez les cèpes. Coupez-les grossièrement en tranches épaisses. Coupez les blancs de poulet en lanières. Pelez et ôtez les germes des gousses d'ail. Hachez-les finement ou écrasez-les avec un presse-ail. Ciselez le persil.

2. Dans une large poêle, faites chauffer 1 filet d'huile d'olive puis faites revenir à feu vif les lanières de poulet. Lorsqu'elles sont bien dorées, salez et poivrez puis mettez de côté dans une assiette. Dans la même poêle, versez de nouveau 1 filet d'huile d'olive et faites fondre le beurre. Lorsqu'il mousse, ajoutez les cèpes et faites-les revenir à feu vif pour obtenir une belle coloration. L'eau des champignons doit être complètement évaporée en fin de cuisson. Salez et ajoutez l'ail et le persil.

3. Ajoutez le poulet, les champignons et la crème dans la poêle. Mélangez et poursuivez la cuisson à feu doux pendant 5 min environ.

4. Plongez les pâtes dans une casserole d'eau bouillante salée. Quand elles sont cuites al dente (environ 2 à 3 min), égouttez-les et versez-les dans la poêle avec le reste des ingrédients. Mélangez sur feu doux pendant 1 min. Versez 1 filet d'huile de truffe blanche et servez avec le parmesan râpé.

Astuce: Vous pouvez utiliser des cèpes surgelés.

VIN RECOMMANDÉ : **CHAMPAGNE BRUT MILLÉSIMÉ**

Un plat à la fois convivial et gastronomique, qui associe le fondant des pâtes et le moelleux des cèpes, et demande un champagne rond et suave, aux arômes un peu évolués. Un champagne millésimé de quelques années de cave offrira ce type d'arômes tertiaires évoquant les fruits bien mûrs, le sous-bois, les champignons et les épices douces. La générosité du vin se mêlera à l'onctuosité de la sauce et l'harmonie au niveau des parfums sera totale, la fraîcheur du vin laissant une fin de bouche très nette.

Autres accords : champagne blanc de noirs, côtes-du-jura blanc, meursault blanc.

Préparation : 50 min | **Facile** | **Coût :** €€

Paupiettes du Bourbonnais

Pour 6 personnes

- 6 escalopes de veau fines
- 6 tranches très fines de jambon cru
- 6 petites échalotes
- 100 g de gruyère râpé
- 3 cuil. à soupe de chapelure
- 1 pincée de noix muscade

Pour la sauce :

- 150 g de lardons fumés
- 1 blanc de poireau
- 2 tomates
- 3 carottes
- 250 g de champignons
- 2 oignons
- 1 gousse d'ail
- 1 brindille de thym
- 30 cl de vin blanc de Bourgogne
- 50 g de beurre
- sel
- poivre du moulin

1. Pelez et hachez les échalotes. Disposez sur chaque escalope une tranche de jambon, puis une cuillerée à soupe d'échalotes hachées. Dans un bol, mélangez le gruyère râpé, la chapelure ainsi que la noix muscade. Recouvrez largement les escalopes de cette préparation et roulez-les en paupiettes. Ficelez-les ou piquez-les avec une minibrochette.

2. Dans une cocotte, faites dorer rapidement les paupiettes de tous côtés avec 50 g de beurre, puis réservez-les. Faites dorer les lardons dans la graisse de la cocotte 2 à 3 min. Pelez et hachez les oignons et l'ail, ajoutez-les et faites dorer encore 2 à 3 min.

3. Lavez et émincez le blanc de poireau. Épluchez les carottes et coupez-les en rondelles. Lavez les tomates et coupez-les en quatre. Nettoyez les champignons. Ajoutez ces légumes dans la cocotte avec le thym, du sel et du poivre, puis mouillez avec le vin. Couvrez et laissez cuire 10 à 15 min sur feu moyen.

4. Enfouissez les paupiettes dans la sauce et laissez mijoter 20 min à feu doux.

VIN RECOMMANDÉ : **TOURAINE-AMBOISE BLANC**

Issus du cépage chenin, les vins blancs de l'appellation touraine-amboise révèlent une certaine souplesse ainsi que des arômes séduisants de coing frais et de miel agrémentés de notes de fruits blancs. Des vins savoureux et harmonieux qui donneront un accord très complet en présence de ces paupiettes relevées d'une riche garniture de légumes et d'aromates. Un vin rouge léger est également possible, associant ses arômes de petits fruits rouges aux parfums soutenus de la sauce, et la souplesse de ses tanins au fondant de la viande de veau longuement mijotée.

Autres accords : alsace pinot noir, cheverny blanc, côte-roannaise rouge, pouilly-loché.

Préparation : 10 min | **Cuisson :** 1 h 25 | **Assez facile** | **Coût :** €€

Pigeon aux oignons

Pour 8 personnes

- 8 pigeons parés et vidés
- 2 oignons moyens
- 1 kg d'oignons grelots
- 2 gousses d'ail
- 1 bouquet de persil plat
- 1 cuil. à café de curcuma
- 1 cuil. à café de sucre en poudre
- 4 cuil. à soupe de beurre fondu
- sel

1. Épluchez les 2 oignons moyens et l'ail, puis coupez-les en lamelles. Lavez bien les pigeons.

2. Dans une marmite, faites dorer les pigeons dans le beurre fondu. Retirez-les et, à la place, faites revenir les oignons pendant 5 min jusqu'à ce qu'ils soient translucides. Remettez alors les pigeons dans la marmite avec le curcuma et l'ail. Salez et recouvrez de 1 l d'eau. Laissez cuire à feu moyen et à couvert pendant environ 1 h.

3. Pendant ce temps, épluchez les oignons grelots. Rincez le persil.

4. Au bout de 1 h de cuisson, ajoutez les oignons grelots, le sucre et le persil ciselé. Laissez mijoter à feu doux et toujours à couvert pendant 20 min.

VIN RECOMMANDÉ : **MOULIS-EN-MÉDOC**

Le pigeon est une viande de grande finesse, au goût délicat bien que prononcé, qui demande un vin rouge dense et charnu. Un moulis, appellation communale du Médoc, offrira une gamme aromatique faite de fruits rouges mûrs, de boite à cigares, de réglisse et de torréfaction, ainsi qu'une texture dense, veloutée et savoureuse qui soulignera agréablement le moelleux du plat et le caractère juteux du pigeon. Après quelques années de garde, le vin évoluera vers des arômes de sous-bois et d'épices douces qui seront en parfaite harmonie avec le contexte aromatique du plat.

Autres accords : baux-de-provence rouge (les), buzet rouge, haut-médoc, margaux.

Préparation : 25 min | **Cuisson :** 45 min | **Facile** | **Coût :** €

Poisson épicé au four

Pour 4 personnes

- 1 poisson de 1,5 kg (dorade, truite, merlan, etc.)
- 250 g d'amandes
- 2 gros oignons
- 1 tête d'ail
- 2 tomates
- 1 bouquet d'aneth
- 1 cuil. à café de graines de cumin
- 1 cuil. à café de graines de pavot
- 1 cuil. à café de poivre
- 1 cuil. à café de piment
- 4 cuil. à soupe d'huile d'olive
- sel

1. Écaillez et videz le poisson (ou faites-le faire par le poissonnier), lavez-le et séchez-le. Hachez les amandes grossièrement et mélangez-les à 1 demi-verre d'eau. Réservez.

2. Épluchez les oignons, émincez-les. Faites-les blondir dans l'huile à la poêle. Épluchez et écrasez l'ail, coupez les tomates en dés, équeutez le bouquet d'aneth.

3. Préchauffez le four à 190 °C (th. 6). Mettez tous les ingrédients dans la poêle, ajoutez les épices, salez et mélangez. Tapissez un plat allant au four avec la moitié de cette préparation. Posez le poisson dessus et versez le reste de la préparation.

4. Enfournez le poisson pendant 45 min.

Variante : vous pouvez aussi préparer cette recette à la poêle, les filets ou les pavés de poisson sont ainsi saisis rapidement. Vous n'avez alors pas besoin d'ajouter de l'eau aux amandes.

VIN RECOMMANDÉ : **ENTRE-DEUX-MERS**

Cuit entier, le poisson offre une chair moelleuse et juteuse, parfumée, dans cette préparation, d'un mélange complexe d'aromates et d'épices. Un plat très goûteux et savoureux qui donnera un mariage gourmand en présence d'un vin blanc de l'appellation entre-deux-mers. Vif, à la fois étoffé et très fin, ce vin soulignera le caractère marin du plat et tiendra tête au goût prononcé de la garniture, en complétant l'ensemble d'une riche palette d'arômes issus des cépages sémillon, sauvignon et muscadelle.

Autres accords : côtes-de-bourg blanc, côtes-du-roussillon blanc, patrimonio blanc, sainte-foy-bordeaux blanc.

Préparation : 1 h 30 min | **Cuisson :** 90 min | **Très facile** | **Coût :** €€

Potée bourguignonne

Pour 6 personnes

- 500 g de plat de côtes de porc demi-sel
- 1 kg de jarret demi-sel
- 500 g de lard demi-sel
- 2 oignons
- 3 carottes
- 3 navets
- 2 blancs de poireaux
- 3 pommes de terre
- 1 chou frisé
- 2 gousses d'ail
- 1 bouquet garni
- sel
- poivre du moulin

1. Lavez les viandes à l'eau courante pour en retirer le maximum de sel.

2. Épluchez les oignons, les carottes et les navets. Lavez les poireaux. Émincez les oignons et les poireaux. Coupez les carottes et les navets en rondelles. Taillez le chou en lanières.

3. Mettez ces légumes dans une grande marmite avec les viandes. Pelez et hachez l'ail, ajoutez-le dans la marmite avec le bouquet garni. Recouvrez de 3 litres d'eau. Salez et poivrez modérément.

4. Faites cuire 45 min à petits frémissements. Épluchez les pommes de terre, coupez-les en six et ajoutez-les dans la marmite. Poursuivez la cuisson encore 45 min.

5. Découpez toutes les viandes et disposez-les sur un plat. Versez les légumes dans une soupière, et servez accompagné de fines tranches de pain bis.

VIN RECOMMANDÉ : **CHOREY-LÈS-BEAUNE ROUGE**

Cette recette traditionnelle de la cuisine régionale, qui évoque l'hiver, demande un vin rouge tendre au fruité expressif, pour souligner la texture fondante des viandes un peu gélatineuses et longuement mijotées, et mettre en valeur les parfums de la riche garniture de légumes. Chorey-lès-beaune, appellation communale de la Côte de Beaune, offre des vins rouges souples, bâtis sur des tanins ronds et fondus, au fruité immédiat et d'une grande fraîcheur, en parfaite harmonie avec ce plat.

Autres accords : bourgogne-coulanges-la-vineuse rouge, côtes-d'auvergne rouge, fleurie, sancerre rouge.

Préparation : 30 min | **Cuisson :** 1 h 45 | **Facile** | **Coût :** €€

Poule-au-pot

Pour 6 personnes

- Quelques brins de persil frais
- 5 cl de lait
- 6 biscottes
- 300 g de chair à saucisse
- 1 poule de 1,5 kg avec les abats
- 6 carottes
- 3 poireaux
- 6 navets
- 2 oignons
- 2 clous de girofle
- 1 bouquet garni
- sel
- poivre du moulin

Matériel

- ficelle de cuisine
- écumoire
- passoire

1. Hachez le persil. Placez-le dans un plat creux avec le lait et les biscottes afin de faire ramollir ces dernières. Mélangez bien, puis ajoutez la chair à saucisse et les abats de poule grossièrement hachés. Salez et poivrez. Remuez jusqu'à ce que la farce soit homogène.

2. Remplissez la poule de la farce obtenue et cousez l'ouverture avec la ficelle de cuisine afin que la farce ne s'échappe pas pendant la cuisson.

3. Placez la poule dans une cocotte, couvrez d'eau et portez à ébullition pendant 15 min, en écumant régulièrement la surface en cours de cuisson.

4. Pelez les légumes. Piquez chaque oignon avec un clou de girofle. Ajoutez tous les légumes dans la cocotte avec le bouquet garni. Poursuivez la cuisson pendant 1 h 30 à petit feu.

5. Au moment de servir, placez la poule dans un plat et entourez-la de légumes. Servez le bouillon de cuisson préalablement filtré à part.

Conseil : Vous pouvez très bien réaliser cette recette sans la farce, bien que celle-ci apporte beaucoup de goût à la poule.

VIN RECOMMANDÉ : **CÔTES-DE-MILLAU ROUGE**

Une poule farcie, longuement mijotée, et parfumée d'une riche garniture de légumes d'hiver, s'alliera parfaitement avec un vin encore fringant, au fruité immédiat, offrant souplesse des tanins et bonne vivacité. Tel un côtes-de-millau de deux à trois ans, qui présente un profil encore marqué par les petits fruits rouges mais déjà agrémenté de notes de sous-bois et d'épices douces. L'accord sera gourmand et enlevé, le mordant du vin tranchant avec le fondant de la viande, jusqu'à la finale savoureuse.

Autres accords : bourgogne-hautes-côtes-de-nuits rouge, côtes-du-forez rouge, IGP Duché d'Uzès rouge, estaing rouge.

Préparation : 15 min | **Cuisson :** 45 min | **Facile** | **Coût :** €€

Poulet au citron confit en papillote

Pour 6 personnes

- 6 cuisses de poulet
- 2 oignons
- ½ cuil. à café de ras-al-hanout
- 1 citron confit au sel
- 150 g d'olives vertes
- 4 cl d'huile d'olive
- sel
- poivre

Matériel

- 6 carrés de papier sulfurisé de 25 x 25 cm

1. Préchauffez le four à 210 °C (th. 7).

2. Épluchez les oignons et émincez-les finement. Dans une casserole, faites chauffer 2 cl d'huile d'olive et faites-y fondre les oignons pendant 2 min. Ajoutez le ras-al-hanout. Rectifiez l'assaisonnement selon votre goût et réservez.

3. Dans une poêle, faites chauffer le reste d'huile d'olive et faites-y dorer les cuisses de poulet. Coupez le citron confit en six.

4. Répartissez les oignons au centre des carrés de papier sulfurisé. Déposez dessus les cuisses de poulet, puis parsemez de citron confit et répartissez les olives.

5. Fermez hermétiquement les papillotes. Enfournez-les pour 35 min. Dégustez au sortir du four, accompagné de riz.

VIN RECOMMANDÉ : **CHAMPAGNE EXTRA-BRUT**

Un champagne extra-brut, dosé avec une liqueur d'expédition très peu sucrée, conserve une vivacité bien marquée et un aspect très sec en bouche, qui donnera sur ce plat aux saveurs exotiques relevées du piquant du ras-al-hanout, un mariage particulièrement tonique. La note acidulée du citron confit, associée à l'âpreté et à la légère amertume de l'olive verte, feront ressortir la pureté et le caractère tendu et incisif du vin. Un accord de contraste entre la fraîcheur du champagne et le fondant de la chair du poulet.

Autres accords : champagne brut sans année, champagne non dosé, languedoc blanc, luberon blanc.

Préparation : 40 min | **Cuisson :** 30 min | **Facile** | **Coût :** €€

Poulet créole à la noix de coco

Pour 6 personnes

- 1 poulet de 1,8 kg coupé en morceaux
- 2 oignons
- 2 gousses d'ail
- 2 tomates
- 1 verre de crème de noix de coco
- 1 cuil. à café de curry
- 1 cuil. à café de safran
- 3 cuil. à soupe d'huile
- 1 verre de bouillon de volaille
- 1 verre de vin blanc sec
- sel

1. Dans une cocotte, faites chauffer l'huile. Ajoutez les morceaux de poulet et faites-les dorer 5 min.

2. Coupez les oignons et émincez-les. Pelez et pressez l'ail. Ébouillantez les tomates, pelez-les, ôtez les graines et coupez la chair en morceaux. Versez le tout dans la cocotte, mélangez.

3. Ajoutez le curry et le safran, mouillez avec le vin et le bouillon. Laissez cuire 20 min à feu doux : le poulet doit être bien tendre.

4. Ajoutez alors la crème de noix de coco, laissez cuire 5 min. Goûtez et rectifiez l'assaisonnement en sel.

5. Servez les morceaux de poulet nappés du jus de cuisson. Vous pouvez éventuellement les accompagner de bananes dorées à la poêle et de riz créole.

VIN RECOMMANDÉ : **VOUVRAY DEMI-SEC**

Cette recette sucrée-salée originale appelle un vin blanc de bonne fraîcheur et doté d'une légère douceur. Un vouvray demi-sec offrira un équilibre très séduisant entre le fruité du vin (arômes expressifs de fruits blancs, d'agrumes, de miel et d'épices douces) et la riche garniture du plat, entre la rondeur du chenin blanc et le charnu du poulet. Atténué par la saveur douce du plat, le moelleux du vin fera place à une agréable vivacité qui donnera un accord persistant d'une grande fraîcheur.

Autres accords : coteaux-du-layon, côtes-du-jura blanc, côtes-du-rhône blanc, montlouis-sur-loire demi-sec.

Préparation : 10 min | **Cuisson :** 1 h | **Facile** | **Coût :** €€

Poulet rôti aux 1001 épices

Pour 4 personnes

- 1 beau poulet
- 2 oignons
- 1 cuil. à café de cumin en poudre
- 1 cuil. à café de cannelle en poudre
- 1 cuil. à café de cardamome en poudre
- 1 cuil. à café de quatre-épices
- 1 dose de safran
- 3 cuil. à soupe d'huile d'olive
- sel
- poivre

1. Préchauffez le four à 210 °C (th. 7). Coupez le poulet en 8 morceaux. Rincez-les et séchez-les. Épluchez et émincez les oignons. Mélangez toutes les épices et le sel dans un petit bol.

2. Étalez les oignons dans un plat à four, huilez-les et saupoudrez-les du mélange d'épices. Déposez les oignons et assaisonnez-les. Enfournez pour 1 h environ en retournant la viande à mi-cuisson.

VIN RECOMMANDÉ : **VIN-DE-SAVOIE MONDEUSE**

La viande du poulet, délicate et fondante, appelle un vin rouge élégant, aux tanins fins et denses, doté d'une bonne fraîcheur. Un vin-de-savoie, né du cépage mondeuse, offre cet équilibre séduisant, alliant puissance maîtrisée et vivacité. Après quelques années de cave, ce vin soulignera de sa trame tannique soyeuse le moelleux de la viande, et révèlera une palette aromatique séduisante de fruits noirs, d'épices douces et de poivre, en harmonie avec l'assaisonnement relevé du plat.

Autres accords : beaumes-de-venise, côtes-du-jura rouge, crozes-hermitage rouge, saint-joseph rouge.

Préparation : 1 h 10 min | **Cuisson :** 15 à 20 min | **Repos :** 1 h 30 | **Difficile** | **Coût :** €€€

Rôti de lotte au lard, beurre de thym

Pour 4 personnes

- 1 queue de lotte (1 kg sans peau)
- 2 brindilles de thym
- 3 cuil. à soupe d'huile d'olive
- 12 fines tranches de lard fumé
- sel
- poivre
- beurre de thym

Beurre de thym :

- 80 g de beurre à température ambiante
- 2 brindilles de thym

Matériel

- film alimentaire
- ficelle de cuisine

1. Préparez le beurre de thym : effeuillez 2 brindilles de thym. Dans un saladier, travaillez le beurre jusqu'à ce qu'il prenne la consistance d'une pommade, puis incorporez le thym. Mélangez et assaisonnez. Roulez le beurre dans du film alimentaire. Réservez au frais 30 min.

2. Taillez la chair de la lotte en deux dans le sens de la longueur. Retirez l'arête centrale. Placez les 2 filets obtenus dans un grand plat creux, arrosez d'huile d'olive et parsemez dessus les 2 autres brindilles de thym effeuillé. Assaisonnez. Placez au frais et laissez mariner 1 h (retournez les filets au bout de 30 min).

3. Préchauffez le four à 210 °C (th. 7). Retirez la lotte de la marinade, égouttez- la. Reconstituez la queue en plaçant au centre des deux filets des rondelles de beurre de thym. Couvrez de tranches de lard et ficelez. Placez dans un plat à four. Enfournez pour 15 à 20 min de cuisson (veillez à arroser régulièrement le rôti).

4. Après avoir retiré du four, laissez reposer 5 min puis découpez en tranches assez épaisses.

VIN RECOMMANDÉ : **HERMITAGE BLANC**

Issu des cépages marsanne et roussanne, ce vin de la vallée du Rhône septentrionale libère des arômes de fruits jaunes bien mûrs, de fleurs, de noisette et de miel, et une bouche ample d'une rare onctuosité. En présence de ce rôti de lotte, poisson noble à la chair dense et moelleuse, le vin mêle son bouquet puissant aux arômes de thym, d'huile d'olive et à la note de lard fumé du plat, et révèle sa texture riche, donnant un accord très équilibré et long en bouche.

Autres accords : châteauneuf-du-pape blanc, mercurey blanc, pessac-léognan blanc, saint-joseph blanc.

Préparation : 20 min | **Cuisson :** 10 min | **Facile** | **Coût :** €

Spaghettis aux coques

Pour 4 personnes

- 400 g de spaghettis
- 4 œufs
- 800 g de coques
- 2 gousses d'ail
- ½ botte de persil plat
- 20 cl de vin blanc
- 3 cuil. à soupe de crème fraîche épaisse
- 3 cuil. à soupe d'huile d'olive
- sel
- poivre

1. Lavez soigneusement les coques sous l'eau froide et éliminez les coquilles ouvertes. Pelez et ôtez les germes des gousses d'ail puis hachez-les finement ou écrasez-les avec un presse-ail. Hachez le persil. Dans une grande poêle, faites revenir les coques dans 3 cuil. à soupe d'huile d'olive pendant 1 min. Ajoutez l'ail, mélangez bien puis ajoutez le vin blanc. Salez et poivrez. Dès que les coquilles s'ouvrent, arrêtez la cuisson. Récupérez le jus de cuisson des coques, filtrez-le dans une fine passoire et portez-le à ébullition dans une casserole. Laissez réduire puis ajoutez la crème fraîche. Mélangez bien.

2. Plongez les spaghettis dans une casserole d'eau bouillante salée. Dès qu'ils sont cuits al dente (2 min environ), égouttez-les et ajoutez-les dans la poêle avec les coques. Versez le jus réduit et faites revenir à feu doux pendant 1 min. Décorez de persil haché et servez.

VIN RECOMMANDÉ : **COTEAUX-VAROIS-EN-PROVENCE BLANC**

Les spaghettis s'adaptent avec bonheur à toutes les préparations. Avec les coques relevées de vin blanc, d'huile d'olive et d'ail, on choisira un blanc gourmand, de bonne ampleur, au fruité très expressif, comme un coteaux-varois-en-provence. Un vin au caractère méridional bien marqué, et d'une belle fraîcheur, qui opposera ses arômes floraux et citronnés au caractère un peu piquant de la garniture du plat, et se fondra parfaitement avec l'onctuosité de la sauce légèrement crémée.

Autres accords : côtes-de-provence blanc, graves blanc, lirac blanc, patrimonio blanc.

Préparation : 25 min | **Cuisson :** 10 min | **Facile** | **Coût :** €€

Tagliatelles à l'encre de seiche aux gambas et chorizo

Pour 4 personnes

Pâtes :

- 400 g de tagliatelles à l'encre de seiche

Garniture :

- 2 tomates
- 100 g de chorizo
- 16 gambas
- 1 gousse d'ail
- 1 cuil. à soupe de cognac
- 3 cuil. à soupe de crème épaisse
- 2 cuil. à soupe d'huile d'olive
- sel
- poivre

1. Préparez la garniture. Dans une casserole, portez à ébullition une grande quantité d'eau et plongez-y les tomates 30 sec. Retirez-les et plongez-les dans un saladier d'eau froide. Pelez les tomates, retirez le pédoncule, coupez-les en deux, ôtez les pépins puis coupez-les en petits cubes. Détaillez le chorizo en petits cubes d'environ 1 cm. Décortiquez les gambas en laissant la queue, enlevez le boyau sur le dos avec la pointe d'un couteau en incisant légèrement la chair. Épluchez et hachez la gousse d'ail. Dans une poêle, faites revenir dans l'huile d'olive les gambas décortiquées avec l'ail. Une fois qu'elles sont dorées, ajoutez les dés de tomates, le chorizo et le cognac. Laissez cuire à feu doux 5 min. Ajoutez la crème épaisse, mélangez. Salez et poivrez.

2. Plongez les tagliatelles dans une casserole d'eau bouillante salée. Dès qu'elles sont cuites al dente (environ 2 min), égouttez-les et ajoutez-les dans la poêle avec le reste des ingrédients. Servez.

VIN RECOMMANDÉ : **LUBERON ROUGE**

L'encre de seiche donne à la sauce de ces tagliatelles une texture veloutée qui s'associera agréablement aux tanins souples et ronds d'un vin rouge de concentration moyenne. L'appellation luberon est réputée pour ses rouges tendres et frais, aux arômes de petits fruits rouges et noirs, de garrigue et de poivre noir. Servi à une température située entre 14° et 16°, ce type de vin donnera un accord savoureux et gourmand, en harmonie avec la consistance charnue et fondante des gambas, du chorizo et des pâtes, et avec les arômes de la tomate, de l'ail et de l'huile d'olive.

Autres accords : côtes-du-roussillon rouge, patrimonio rouge, ventoux rouge.

Préparation : 30 min | **Cuisson :** 8 min | **Facile** | **Coût :** €€

Tagliolinis à la truffe noire

Pour 4 personnes

- 400 g de tagliolinis
- 60 g de truffe noire
- 1 gousse d'ail
- 50 g de grana padano fraîchement râpé
- 6 cuil. à soupe huile d'olive
- sel

1. Brossez la truffe sous un filet d'eau. Épluchez-la avec un économe pour obtenir de fines lamelles, gardez les petites brisures et hachez-les. Pelez l'ail et écrasez-le grossièrement avec le plat d'un couteau. Dans une poêle, faites chauffer l'huile d'olive avec l'ail et les brisures de truffe. Lorsque l'ail commence à dorer, retirez-le et coupez le feu sous la poêle.

2. Plongez les tagliolinis dans une casserole d'eau bouillante salée. Dès que les pâtes sont cuites al dente (environ 2 min), égouttez-les et versez-les dans la poêle. Mélangez- les avec l'huile aux brisures de truffe puis ajoutez les lamelles de truffe. Servez avec le grana padano râpé.

VIN RECOMMANDÉ : **VOUGEOT PREMIER CRU ROUGE**

Cette préparation met en valeur de façon très simple la truffe noire et demande un vin rouge souple et distingué, dont la texture veloutée soulignera le fondant des pâtes, et qui alliera sa gamme aromatique de grande richesse au parfum puissant de la truffe. Un vougeot premier cru, après quelques années de cave, sera tout à fait dans le ton du plat, livrant un séduisant bouquet de sous-bois, d'humus, de fourrure et de truffe, ainsi qu'une trame tannique patinée et délicatement caressante en bouche.

Autres accords : chambolle-musigny, hermitage rouge, pomerol, volnay.

Préparation : 15 min | **Facile** | **Coût :** €€

Tartare classique

Pour 4 personnes

- 600 g de viande de bœuf coupée au couteau (ou hachée)
- 2 oignons nouveaux
- 1 bouquet de persil plat
- 4 jaunes d'œufs
- 1 cuil. à soupe de moutarde à l'ancienne
- 2 cuil. à soupe de câpres au vinaigre
- 2 cuil. à café de sauce Worcestershire
- 2 cuil. à soupe de ketchup
- 3 gouttes de Tabasco
- 2 cuil. à soupe d'huile d'olive
- fleur de sel
- poivre du moulin

1. Lavez et hachez les feuilles de persil. Épluchez les oignons et hachez-les finement. Mettez de côté. Rincez et égouttez les câpres.

2. Dans un bol, mélangez avec un fouet les jaunes d'œufs, la moutarde, les câpres, la sauce Worcestershire, le ketchup, le Tabasco et l'huile d'olive.

3. Versez cette préparation sur la viande et mélangez soigneusement. Ajoutez les oignons et le persil hachés, salez et poivrez, mélangez de nouveau.

4. Répartissez le tartare sur 4 assiettes et servez aussitôt.

VIN RECOMMANDÉ : **CADILLAC-CÔTES-DE-BORDEAUX**

Un plat classique de la cuisine de brasserie, souvent accompagné de frites craquantes, qui associe le moelleux et le goût un peu fade de la viande hachée crue aux saveurs relevées, plus ou moins piquantes, des condiments et des épices de l'assaisonnement. Un cadillac-côtes-de-bordeaux plutôt jeune offrira d'expressifs arômes de fruits rouges et d'épices douces et une trame tannique moyenne, suave et souple, qui donneront un accord simple et gourmand dominé par le caractère primaire du plat comme du vin.

Autres accords : irancy, médoc, languedoc-pic-saint-loup rouge, saint-émilion.

Préparation : 20 min | **Cuisson :** 4 min | Repos : 45 min | **Facile** | **Coût :** €€€

Tournedos au beurre de truffe

Pour 4 personnes

- 4 tournedos de bœuf
- 40 g de beurre clarifié
- fleur de sel
- poivre du moulin

Beurre de truffe :

- 100 g de beurre à température ambiante
- 1 cuil. à soupe de madère
- ½ truffe (en boîte avec son jus)

Matériel

- hachoir
- film alimentaire

1. Préparez le beurre de truffe : hachez la truffe. Incorporez-la au beurre ramolli avec le madère et 1 cuil. à soupe de jus de truffe. Vérifiez l'assaisonnement. Roulez le beurre dans du film alimentaire et conservez-le au froid 45 min.

2. Dans une poêle, faites fondre le beurre clarifié et déposez-y les tournedos. Cuisez-les quelques minutes (selon l'appoint de cuisson souhaité). Assaisonnez de fleur de sel et de poivre du moulin.

3. Taillez le beurre en rondelles, placez-le sur les tournedos et servez aussitôt.

Suggestions : accompagnez votre plat de pommes de terre cuites au four avec de la fleur de sel.

VIN RECOMMANDÉ : **POMEROL**

Une recette qui associe deux mets de grande réputation comme le filet de bœuf et la truffe. La viande est d'une extrême finesse, tendre et savoureuse, et la truffe confère au plat de puissants arômes typés. L'accord nécessite un vin rond et soyeux, au bouquet séduisant et corsé, à l'image d'un pomerol. Séveux et très tendre, le vin complétera de façon fusionnelle la texture de la viande, et développera un bouquet caractéristique de fruits rouges, de cuir, de violette et de truffe, qui s'harmonisera aux parfums puissants du plat.

Autres accords : côte-rôtie, fronsac, pauillac, santenay rouge.

Préparation : 10 min | **Cuisson :** 40 min | **Facile** | **Coût :** €€

Travers de porc sauce barbecue

Pour 4 personnes

- 2 kg de travers de porc en 8 ou 12 morceaux
- 3 gousses d'ail
- 2 oignons rouges
- 2 piments jalapeno frais
- 2 cuil. à café de concentré de tomates
- 1 cuil. à soupe de moutarde
- 2 cuil. à soupe de Worcestershire sauce
- 2 cuil. à soupe de vinaigre de vin rouge
- 2 cuil. à soupe de sucre brun
- 15 cl d'eau
- 2 cuil. à soupe d'huile d'olive

1. Épluchez et hachez l'ail, les oignons et les piments. Faites-les revenir 3 min dans l'huile. Ajoutez tous les autres ingrédients, mélangez et laissez frémir 15 min.

2. Préparez un barbecue ou préchauffez le gril du four. Enduisez les ribs de sauce et faites-les griller 20 min environ en les retournant à mi-cuisson.

VIN RECOMMANDÉ : **SAUMUR-CHAMPIGNY**

Une recette qui allie le caractère un peu gras du travers de porc et l'assaisonnement à la fois épicé et légèrement sucré de la sauce barbecue. Un vin rouge charnu, frais, doté de tanins souples, au nez de fruits rouges et noirs bien mûrs, de fumée et d'épices douces, à l'image de ce saumur-champigny, donnera un accord ton sur ton et très gourmand. L'onctuosité du vin soulignera le moelleux et le fondant de cette viande très goûteuse, tandis que ses arômes expressifs feront écho aux parfums du plat.

Autres accords : bourgueil rouge, côtes-du-marmandais rouge, côtes-du-vivarais rouge, menetou-salon rouge.

Préparation : 20 min | **Facile** | **Coût :** €

Truites à la ciboulette

Pour 4 personnes

- 4 truites vidées
- 3 tranches de pain rassis
- 1 œuf
- 15 cl de lait
- 75 g de beurre
- 4 cuil. à soupe de crème
- 1 cuil. à soupe de moutarde
- 2 cuil. à soupe de farine
- 4 cuil. à soupe de ciboulette finement ciselée
- sel
- poivre du moulin

1. Faites tremper la mie de pain dans le lait. Lorsque le pain est bien détrempé, sortez-le du lait et pressez-le bien entre vos mains.

2. Dans un bol, cassez l'œuf, puis mélangez-le au pain. Salez, poivrez. Ajoutez 2 cuil. à soupe de ciboulette. Farcissez les truites de cette préparation et refermez l'ouverture avec du fil alimentaire.

3. Saupoudrez les truites de farine et secouez-les pour en rejeter l'excédent. Faites chauffer le beurre dans une poêle et faites-y cuire les truites 10 min en les retournant délicatement à mi-cuisson. Disposez-les sur un plat chaud.

4. Délayez dans le jus de la poêle la moutarde et la crème fraîche. Salez, poivrez, et ajoutez le reste de ciboulette. Laissez cuire en remuant jusqu'à ce que le mélange devienne onctueux.

5. Versez la sauce sur les truites et servez chaud, accompagné par exemple de fleurons en pâte feuilletée chauffés et disposés en couronne autour du plat.

VIN RECOMMANDÉ : **MONTAGNY**

Ces truites cuites au beurre sont rehaussées d'une sauce un peu acidulée à base de moutarde et de ciboulette. Le moelleux de la chair de ce délicat poisson d'eau douce est renforcé par la présence de la farce et appelle, pour un accord ton sur ton, un vin blanc fin et savoureux, à l'image d'un montagny blanc. Une appellation de la Côte chalonnaise, qui produit exclusivement des blancs fringants et aimables, aux arômes très floraux, avec des notes de citronnelle et de pierre à fusil, dans la tonalité des parfums pleins de fraîcheur du plat.

Autres accords : bugey blanc, fixin blanc, saint-aubin blanc, vin-de-savoie-chignin-bergeron.

Préparation : 25 min | **Cuisson autocuiseur à étriers :** 1 h
Cuisson autocuiseur à deux modes, position 2 : 50 min | **Facile** | **Coût :** €€

Veau au citron

Pour 6 personnes

- 1,2 kg de noix de veau
- 50 g de lardons maigres
- 3 oignons
- 2 carottes
- 4 échalotes
- 1 petit bouquet de persil plat
- 1 gros citron à peau fine ou 2 petits
- 20 cl de bouillon de pot-au-feu fait maison ou préparé avec un cube
- 10 cl de madère
- 25 g de beurre
- sel
- poivre blanc du moulin

1. Pelez les oignons et les échalotes, épluchez les carottes et lavez le citron ; coupez-les en fines rondelles. Lavez, essuyez et hachez le persil. Faites blanchir les lardons 1 min à l'eau bouillante, puis égouttez-les.

2. Enduisez le fond de l'autocuiseur avec le beurre. Déposez par-dessus les oignons, les échalotes et les carottes. Parsemez du persil et des lardons et ajoutez ensuite les rondelles de citron. Posez la noix de veau sur ce lit de légumes et de citron. Salez, poivrez et versez le bouillon et le madère. Fermez l'autocuiseur.

3. Faites chauffez à feu vif jusqu'au début de la mise sous pression de la soupape puis poursuivez la cuisson à feu doux le temps indiqué. Hors du feu, faites tomber la pression.

4. Posez la noix de veau entourée des légumes sur un plat de service chaud. Si la sauce paraît un peu claire, faites-la réduire à feu vif avant d'en napper la viande.

VIN RECOMMANDÉ : **CRÉMANT-DE-BORDEAUX BLANC**

Viande blanche par excellence, le veau mijoté est tendre et fondant et demande un vin blanc frais et délicat. Relevé de la saveur acidulée du citron associée à la pointe d'amertume du zeste, ce plat s'accordera de façon très agréable avec un crémant-de-bordeaux blanc, effervescent élégant aux notes d'agrumes, de fleurs blanches et de fruits secs. Sauvignon et sémillon, qui lui confèrent nervosité et rondeur en bouche, souligneront l'onctuosité de la sauce crémée, tout en apportant à l'accord une fraîcheur bienvenue.

Autres accords : entre-deux-mers, pessac-léognan blanc, savennières, touraine blanc.

Préparation : 20 min | **Cuisson :** 30 min | **Très Facile** | **Coût :** €

Vol-au-vent

Pour 6 personnes

- 2 cubes de bouillon
- 1 feuille de laurier
- 4 blancs de poulet
- 200 g d'épaule de veau
- 40 g de beurre
- 40 g de farine
- 10 cl de vin blanc
- noix muscade
- 150 g de champignons de Paris
- 6 coques de vol-au-vent (type bouchées à la reine, mais plus grandes)
- quelques brins de persil frais
- sel
- poivre du moulin

1. Préparez le bouillon : dans une grande casserole, faites chauffer 75 cl d'eau avec les cubes de bouillon et la feuille de laurier. Faites-y pocher les blancs de poulet entiers et le veau pendant 10 min. Sortez-les du bouillon et réservez.

2. Faites fondre le beurre à petit feu dans une casserole. Lorsqu'il est fondu, ajoutez la farine et remuez doucement à l'aide d'un fouet pendant 2 min. Versez le vin blanc, puis incorporez trois louches du bouillon. Fouettez jusqu'à ce que la préparation s'épaississe. Salez, poivrez et ajoutez de la noix muscade râpée. Ajoutez une louche de bouillon si la sauce est trop épaisse.

3. Coupez le poulet et le veau en dés, puis ajoutez-les dans la casserole avec les champignons préalablement coupés en morceaux s'ils sont gros. Laissez cuire pendant 20 min en remuant de temps en temps.

4. Réchauffez les coques de vol-au-vent au four pendant quelques minutes. Au moment de servir, garnissez les coques de la préparation et servez bien chaud.

Variante : Vous pouvez ajouter quelques quenelles de volaille dans la sauce avant d'y mettre les cubes de poulet.

VIN RECOMMANDÉ : **CÔTES-DU-JURA BLANC**

Ce classique de la cuisine bourgeoise allie la touche beurrée et la légèreté du feuilletage à l'onctuosité de la sauce à la crème et à la richesse de la garniture. Un plat généreux qui appelle un vin blanc à la fois rond et frais, de bonne expression aromatique. Un côtes-du-jura blanc, à base de chardonnay, apportera fruité expressif et vivacité, mais c'est avec une cuvée à base de savagnin que l'accord sera le plus complet. Ce cépage confère au vin onctuosité et arômes de fruits secs et d'épices douces qui permettront un mariage très complet avec le plat.

Autres accords : châteauneuf-du-pape blanc, côtes-de-bergerac moelleux, saint-joseph blanc, saint-véran.

Les desserts

Gâteaux, tartes ou entremets, aux fruits, au chocolat ou au café : ici, c'est le règne des vins doux, sous toutes leurs formes, moelleux, liquoreux, vins doux naturels. Mais attention à ne pas tomber dans l'excès de sucre et saturer les papilles, déjà sollicitées par le début du repas. On privilégiera donc des vins qui offrent une belle vivacité. Les fines bulles ont aussi leur mot à dire.

Préparation : 20 min | **Repos :** 3 h | **Assez facile** | **Coût :** €

Bûche comme un tiramisu

Pour 8 personnes

- 100 g de chocolat
- 150 g de beurre
- 100 g de sucre en poudre
- 4 œufs
- 24 biscuits à la cuiller
- 2 tasses de café expresso
- 2 cuil. à soupe de sucre glace

1. Faites fondre le chocolat au bain-marie. Séparez les blancs des jaunes d'œufs.

2. Battez le beurre et le sucre, puis ajoutez les jaunes d'œufs. Incorporez le chocolat et remuez bien.

3. Montez les blancs en neige et incorporez-les délicatement à la préparation précédente.

4. Trempez brièvement les biscuits dans le café et disposez-les au fond et sur les bords d'un moule à cake. Versez la préparation au chocolat.

5. Laissez reposer au frais pendant 3 h au moins. Démoulez, saupoudrez de sucre glace et servez aussitôt.

VIN RECOMMANDÉ : **RIVESALTES TUILÉ**

Un rivesaltes tuilé, vin doux naturel de type oxydatif, développe un bouquet évolué, évoquant entre autre le moka, qui fera parfaitement écho aux arômes de ce dessert. De plus, l'onctuosité de la mousse au chocolat, associée au fondant des biscuits à la cuiller imbibés de café, donneront un accord très fusionnel avec la texture caressante du vin. Pour un mariage également classique et tout aussi harmonieux, il est possible de servir un vin de liqueur comme un pineau-des-charentes ou un floc-de-gascogne.

Autres accords : banyuls grand-cru, maury tuilé, rasteau tuilé, rivesaltes ambré.

Préparation : 10 min | **Cuisson :** 50 min | **Facile** | **Coût :** €

Cannelés

Pour 20 cannelés environ

- 50 g de beurre
- 50 cl de lait entier
- 150 g de farine
- 250 g de sucre en poudre + pour les moules
- 1 pincée de sel
- 2 cuil. à soupe de rhum brun
- 1 œuf entier + 2 jaunes

Matériel

- moules à cannelés en silicone
- pinceau de cuisine
- tamis

1. Préparez les moules. Dans une casserole, faites fondre le beurre et badigeonnez-en l'intérieur des moules à l'aide d'un pinceau. Saupoudrez-les d'un peu de sucre en poudre et laissez prendre quelques minutes dans le réfrigérateur avant de recommencer l'opération une seconde fois. Préchauffez le four à 180 °C (th. 6).

2. Dans la casserole qui a servi à faire fondre le beurre, versez le lait et portez-le à ébullition. Dans un saladier, mélangez la farine, le sucre, le sel, le rhum et tous les œufs. Fouettez vigoureusement et versez en un mince filet le lait bouillant, sans cesser de remuer. Passez au travers d'un tamis afin d'éliminer les grumeaux.

3. Versez la pâte dans les moules, aux deux tiers de leur hauteur. Enfournez pour 50 min de cuisson. Sortez les cannelés du four et démoulez-les. Consommez-les rapidement.

Conseil : vous pouvez ajouter dans la pâte les graines d'une gousse de vanille.

VIN RECOMMANDÉ : **CÉRONS**

Grande spécialité bordelaise, les cannelés sont de petites pâtisseries craquantes et caramélisées, qui offrent un cœur souple et fondant, et exhalent un délicieux parfum de beurre et de rhum brun. Le liquoreux cérons, cru confidentiel réputé, offre un bouquet de fruits exotiques, de miel, de caramel et de vanille, qui donnent un accord très gourmand et harmonieux. La bouche souple et ronde révèle une vivacité qui tranche avec le caractère sucré du cannelé. **Autres accords : monbazillac, pineau-des-charentes blanc, sainte-croix-du-mont, sauternes.**

Préparation : 10 min | **Cuisson :** 40 min | **Facile** | **Coût :** €

Clafoutis aux cerises

Pour 6 personnes

- 3 œufs
- 100 g de sucre en poudre
- 130 g de farine
- 50 cl de lait
- 500 g de cerises
- 1 noix de beurre pour le moule

Matériel

- plat à gratin

1. Préchauffez le four à 180 °C (th. 6). Beurrez le plat à gratin.

2. Dans un saladier, fouettez les œufs entiers avec le sucre en poudre. Ajoutez la farine, puis le lait petit à petit. Fouettez la préparation jusqu'à ce qu'elle soit bien lisse.

3. Déposez les cerises (non dénoyautées) dans le plat à gratin. Versez la pâte sur les fruits. Enfournez le clafoutis pour 40 min de cuisson, jusqu'à ce qu'il soit bien doré.

Conseil : Il faut garder les cerises entières, sans enlever le noyau, pour qu'elles restent bien juteuses.

VIN RECOMMANDÉ : **CABERNET-D'ANJOU**

Un grand classique de la pâtisserie familiale qui met en valeur la consistance charnue des cerises cuites dans une moelleuse préparation lactée. Un rosé demi-sec donnera un accord très gourmand, sans surcharger la bouche en saveur sucrée. Les arômes de petits fruits rouges du vin feront écho au goût des cerises, tandis que sa rondeur caressante se mêlera à l'extrême onctuosité de l'appareil. Pour un accord plus tonique, un crémant-de-loire rosé relèvera l'ensemble de sa fraîcheur exacerbée par la présence des bulles.

Autres accords : cabernet-de-saumur, crémant-de-loire rosé, floc-de-gascogne rosé, rivesaltes rosé.

Préparation : 15 min | **Cuisson :** 35-40 min | **Facile** | **Coût :** €

Crème renversée au caramel

Pour 4 personnes

- 1 gros œuf entier + 1 jaune d'œuf
- 20 g de sucre en poudre
- ½ cuil. à café d'extrait de vanille liquide
- 25 cl de lait entier

Pour le caramel :

- 80 g de sucre en poudre

Matériel

- moule à bords hauts

1. Réalisez un caramel en faisant cuire le sucre à sec dans une casserole, jusqu'à ce qu'il fonde et prenne une couleur ambrée. Ne le remuez pas pendant cette opération.

2. Versez rapidement le caramel obtenu dans le fond du moule, avant qu'il ne fige. Préchauffez le four à 180 °C (th. 6).

3. Dans un saladier, fouettez les œufs avec le sucre en poudre et la vanille liquide. Ajoutez le lait petit à petit. Versez la préparation dans le moule. Posez-le dans un plat allant au four et remplissez ce plat d'eau à mi-hauteur.

4. Enfournez la crème pour 35 à 40 min de cuisson au bain-marie. La crème est cuite lorsqu'elle est ferme mais un peu tremblotante et dorée. À la sortie du four, retournez le moule aussitôt sur une assiette. Servez la crème renversée encore tiède.

Variante : Préparez la crème renversée dans 4 petits ramequins pour obtenir des petites crèmes individuelles.

VIN RECOMMANDÉ : **ALSACE RIESLING VENDANGES TARDIVES**

Un grand classique de la pâtisserie familiale qui se distingue par ses arômes de vanille Bourbon et de caramel, et par son extrême onctuosité. Le caractère de douceur qui accompagne l'ensemble appelle un accord de contraste, tonique et gourmand. La vivacité d'un blanc d'Alsace s'opposera au fondant de la crème, tandis que le fruité du vin marquera la finale d'une note de fraîcheur. Dans le même esprit, un crémant-d'alsace demi-sec, au nez d'amande et de noisette grillées, donnera un mariage très fin et élégant.

Autres accords : alsace muscat vendanges tardives, coteaux-du-layon, côtes-de-montravel, muscat-de-beaumes-de-venise.

Préparation : 20 min | **Cuisson :** 5 min | **Repos :** 1 h à 1 h 30 | **Facile** | **Coût :** €€

Crêpes au beurre de nougat

Pour 4 personnes

- 12 crêpes de froment
- 100 g de beurre demi-sel à température ambiante
- 50 g de nougat
- 2 cuil. à soupe de lait

Matériel

- saladier
- casserole
- film alimentaire
- poêle

1. Préparez le beurre de nougat : dans un saladier, travaillez 80 g de beurre à la fourchette jusqu'à ce qu'il prenne la consistance d'une pommade.

2. Dans une casserole, faites fondre le lait et le nougat. Laissez refroidir.

3. Incorporez cette préparation au beurre demi- sel et mélangez jusqu'à l'obtention d'une texture homogène.

4. Placez le beurre composé sur du film alimentaire et façonnez-le en rouleau en prenant soin de fermer les deux extrémités. Placez au frais 1 h à 1 h 30 (ou 15 min au congélateur).

5. Dans une poêle, faites réchauffer les crêpes dans le reste de beurre fondu (20 g).

6. Disposez dans chaque crêpe une noix de beurre de nougat et dégustez aussitôt !

VIN RECOMMANDÉ : **CÔTES-DE-BORDEAUX-SAINT-MACAIRE**

Un dessert fondant aux arômes dominants de beurre frais et au goût original de nougat, qui demande un vin moelleux à la douceur maîtrisée comme un suave côtes-de-bordeaux-saint-macaire, petit cru de la région de l'Entre-deux-Mers. Le vin dévoile de gourmands arômes de fruits jaunes mûrs, d'épices, d'amandes et de miel, en parfaite harmonie avec les parfums du nougat. En bouche, l'accord est harmonieux d'abord marqué par la sensation de douceur du plat relayée par une agréable fraîcheur apportée par le vin.

Autres accords : coteaux-du-layon, premières-côtes-de-bordeaux, sainte-foy-bordeaux moelleux, saussignac.

Préparation : 20 min | **Cuisson :** 35 min | **Facile** | **Coût :** €

Gâteau aux amandes et aux abricots

Pour 1 gâteau

- 500 g d'abricots
- 4 œufs
- 200 g de sucre en poudre
- 1 pincée de sel
- 200 g de beurre ramolli
- 175 g de farine
- 50 g de poudre d'amandes
- ½ sachet de levure chimique
- 2 cuil. à soupe d'amandes effilées

Matériel

- batteur électrique

1. Nettoyez et coupez les abricots en deux. Retirez les noyaux. Préchauffez le four à 190 °C (th. 6).

2. Séparez les blancs des jaunes d'œufs. À l'aide du batteur électrique, montez les blancs en neige avec 50 g de sucre et le sel. Fouettez ensuite les jaunes d'œufs avec le reste du sucre, jusqu'à ce que le mélange blanchisse fortement. Ajoutez alors le beurre, la farine, la poudre d'amandes puis la levure. La pâte doit être épaisse.

3. Prélevez la moitié des blancs en neige et mélangez-les vigoureusement à la pâte afin de la détendre. Versez le reste des blancs et incorporez-les délicatement à la pâte.

4. Versez la pâte dans un moule à gâteau graissé et disposez par-dessus les demi-abricots en rosace, côté bombé sur la pâte. Parsemez d'amandes effilées et enfournez pour 35 min de cuisson. Le gâteau est cuit lorsque la pointe d'un couteau enfoncée à cœur en ressort humide mais propre.

5. Sortez le gâteau du four et laissez-le tiédir quelques minutes avant de le démouler. Laissez ensuite bien refroidir avant de servir.

Variante : Vous pouvez remplacer les abricots par des cerises, des mirabelles ou des prunes.

VIN RECOMMANDÉ : **BANDOL ROSÉ**

Ce gâteau aux amandes et aux abricots est relativement peu sucré, marqué par la note légèrement acidulée des fruits. Il s'accordera donc, pour un mariage assez tonique, avec un vin rosé que l'on choisira suffisamment ample et gras, à l'image d'un bandol riche en mourvèdre, doté d'un arôme typique d'abricot. L'alliance de ce dessert et de ce rosé sera très gourmande, et fraîche, faisant la part belle au fruité généreux du vin en contrepoint des abricots du dessert.
Autres accords : baux-de-provence rosé (les), bellet rosé, clairette-du-languedoc moelleux, muscat-de-beaumes-de-venise blanc.

Préparation : 20 min | **Cuisson :** 35 min | **Facile** | **Coût :** €

Gâteau aux figues

Pour 1 gâteau

- 400 g de figues noires
- 1 orange non traitée
- 4 œufs
- 100 g de sucre en poudre
- 1 pincée de sel
- 200 g de beurre ramolli
- 75 g de miel de lavande
- 200 g de farine
- ½ sachet de levure chimique
- 50 g de sucre glace

Matériel

- batteur électrique
- pinceau de cuisine

1. Lavez les figues et coupez leurs pédoncules. Coupez-les ensuite en quartiers. Nettoyez l'orange et râpez finement la peau afin d'en récupérer le zeste. Pressez ensuite l'orange. Préchauffez le four à 190 °C (th. 6).

2. Séparez les blancs des jaunes d'œufs. À l'aide du batteur électrique, montez les blancs en neige avec 50 g de sucre et le sel. Fouettez ensuite les jaunes d'œufs avec le reste du sucre, jusqu'à ce que le mélange blanchisse fortement. Ajoutez alors le beurre, le miel, le zeste d'orange, la farine puis la levure. La pâte doit être épaisse.

3. Prélevez la moitié des blancs en neige et mélangez-les vigoureusement à la pâte afin de la détendre. Versez le reste des blancs et incorporez-les délicatement à la pâte.

4. Versez la pâte dans un moule à gâteau graissé et disposez les figues en rosace. Enfournez pour 35 min de cuisson. Le gâteau est cuit lorsque la pointe d'un couteau enfoncée à cœur en ressort humide mais propre.

5. En cours de cuisson, mélangez dans une casserole le jus d'orange et le sucre glace. Portez à ébullition et laissez cuire 2 ou 3 min. Sortez le gâteau du four et badigeonnez-le de jus d'orange à l'aide d'un pinceau, puis laissez-le tiédir quelques minutes avant de le démouler. Arrosez-le alors à nouveau de jus d'orange. Laissez ensuite bien refroidir avant de servir.

Conseils : Vous pouvez ajouter dans la pâte un peu de cannelle en poudre. Vous pouvez également parsemer le gâteau d'amandes effilées avant de l'enfourner.

VIN RECOMMANDÉ : **CÔTES-DE-PROVENCE ROSÉ** (ÉLEVÉ EN FÛT)

Ce gâteau associe la figue, l'orange et le miel de lavande, offrant une gamme aromatique très méridionale. Un vin rosé, vinifié et élevé en fût, donnera un accord original et très complet au niveau aromatique, ce type de vins livrant, après deux ou trois ans de garde, un bouquet très typé de fruits confits et secs, de cire d'abeille et d'épices douces. De plus, la rondeur et la générosité du vin souligneront le fondant de la chair des figues mêlées au moelleux du gâteau. **Autres accords : cassis rosé, clairette-de-die méthode ancestrale, palette rosé, rivesaltes ambré.**

Préparation : 10 min | **Cuisson :** 15 min | **Facile** | **Coût :** €€

Gratin de figues rôties au miel

Pour 4 personnes

- 8 figues bien mûres
- 4 cuil. à soupe de miel
- 50 g de cerneaux de noix concassés

1. Préchauffez le four à 200 °C (th. 6-7). Lavez et coupez les figues en quatre.

2. Disposez les figues dans un plat à gratin côté peau vers le bas.

3. Versez le miel sur les fruits puis parsemez le gratin des cerneaux de noix concassés.

4. Faites cuire 15 min à 200 °C (th. 6-7).

VIN RECOMMANDÉ : **SAUTERNES**

Figues légèrement caramélisées, note de miel et arôme typé de noix, appellent un vin au caractère un peu évolué, offrant une palette de parfums dans la tonalité du dessert. Un sauternes de quelques années de cave livrera un nez complexe rappelant la cire, les fruits confits et les fruits secs, ainsi que la note subtile et caractéristique du goût de « rôti » issu de la pourriture noble. Arômes, texture, l'accord ira dans le sens du plat, l'onctuosité du vin soulignant le fondant des fruits rôtis.

Autres accords : barsac, floc-de-gascogne blanc, loupiac, muscat-de-beaumes-de-venise blanc.

Préparation : 20 min | **Cuisson :** 40 min | **Facile** | **Coût :** €€

Gratin de pêches à la verveine

Pour 4 personnes

- 4 pêches blanches
- 20 cl de lait
- 1 cuil. à soupe de purée d'amandes
- 10 cl d'eau
- 50 g de sucre en poudre
- 1 poignée de verveine séchée
- 1 œuf

1. Préchauffez le four à 180 °C (th. 6). Épluchez et lavez les pêches. Coupez-les en lamelles avec un petit couteau bien aiguisé.

2. Dans une casserole faites chauffer, sans bouillir, le lait avec 1 cuil. à soupe de purée d'amandes. Laissez épaissir le mélange. Dans une autre casserole, portez l'eau à ébullition avec le sucre et faites infuser la verveine 10 min hors du feu dans le sirop obtenu.

3. Dans un saladier fouettez l'œuf entier, puis versez la purée d'amandes chaude sans cesser de remuer. Ajoutez le sirop de verveine.

4. Dans un plat à gratin, disposez les lamelles de pêche à plat en les chevauchant, puis versez la purée d'amandes. Faites cuire 20 min à 180 °C (th. 6).

Conseil : Vous pouvez servir ce gratin avec des biscuits secs type langues de chat ou cigarettes russes.

VIN RECOMMANDÉ : **MUSCAT-DE-SAINT-JEAN-DE-MINERVOIS**

Ce dessert, qui allie le fondant de la pêche à la délicatesse des parfums de l'amande et de la verveine, donnera un accord à la fois tonique et gourmand avec un muscat-de-saint-jean-de-minervois. Issu du cépage muscat blanc à petits grains, ce vin développe des arômes subtils de rose, de fruits blancs, d'agrumes et de miel, ainsi qu'une texture légère et suave, marquée par une agréable douceur. Les ingrédients du gratin s'harmoniseront au caractère tendre du vin.

Autres accords : clairette-de-die méthode ancestrale, condrieu vendanges tardives, muscat-de-beaumes-de-venise blanc, rasteau blanc.

Préparation : 15 min | **Cuisson :** 20 min | **Facile** | **Coût :** €

Gratin de poires aux spéculoos

Pour 6 personnes

- 120 g de spéculoos
- 5 poires
- 300 g de fromage blanc
- 4 œufs
- 100 g de sucre en poudre
- 30 g de sucre roux en poudre (cassonade)

Matériel

- 6 moules à gratins individuels
- mixeur

1. Préchauffez le four à 180 °C (th. 6). Mixez les spéculoos. Pelez et coupez les poires en quartiers assez fins. Fouettez le fromage blanc avec les œufs, le sucre et la poudre de spéculoos.

2. Répartissez les poires dans les moules et versez la préparation au fromage blanc et spéculoos dessus.

3. Saupoudrez chaque plat de sucre roux et enfournez pour 20 min de cuisson. Laissez refroidir avant de servir.

VIN RECOMMANDÉ : **ALSACE PINOT GRIS VENDANGES TARDIVES**

La poire, fruit délicat et fondant, est associée dans ce gratin aux spéculoos qui apportent un léger craquant et une note délicatement épicée. Une gourmandise qui demande un vin à la texture fine, au moelleux caressant, et d'une douceur maîtrisée, à l'image d'un alsace pinot gris vendanges tardives. L'accord se fera essentiellement sur l'harmonie des textures, mettant d'abord en avant la délicatesse du gratin et du vin, relevée en finale par une pointe de fraîcheur.

Autres accords : alsace gewurztraminer vendanges tardives, champagne demi-sec, macvin-du-jura blanc, rivesaltes ambré.

Préparation : 10 min | **Cuisson :** 20 min | **Facile** | **Coût :** €€

Gratin de poires à la vanille et à l'amande amère

Pour 4 personnes

- 4 poires
- 20 cl de lait
- 1 cuil. à soupe de purée d'amandes
- 2 cuil. à soupe de sirop d'érable 1 œuf
- 3 gouttes d'extrait d'amande amère
- 1 gousse de vanille

1. Préchauffez le four à 180 °C (th. 6). Épluchez et lavez les poires. Coupez-les en deux dans le sens de la longueur, retirez le trognon à l'aide d'un couteau ou d'une cuillère. Coupez-les ensuite en lamelles biseautées.

2. Récupérez les graines de vanille en fendant la gousse en deux et en grattant l'intérieur avec la pointe d'un couteau. Dans une casserole, faites chauffer, sans bouillir, le lait avec la purée d'amandes, les graines de vanille et le sirop d'érable.

3. Dans un saladier fouettez l'œuf entier, puis versez la crème d'amande chaude sans cesser de remuer. Ajoutez l'extrait d'amande amère.

4. Dans un plat à gratin, disposez les lamelles de poires en éventail puis versez la crème d'amande. Faites cuire 20 min à 180 °C (th. 6) jusqu'à ce que le gratin soit bien doré.

Conseil : Vous trouverez la purée d'amandes dans les magasins de produits biologiques.

VIN RECOMMANDÉ : **CRÉMANT-DE-BOURGOGNE DEMI-SEC**

Un crémant-de-bourgogne demi-sec, aux notes de fruits blancs et jaunes bien mûrs, de brioche et de fruits secs comme l'amande et la noisette, accompagnera, pour un accord très fusionnel, ce gratin de poire à la vanille et à l'amande amère. L'harmonie des arômes du vin et du dessert sera totale, le crémant jouant de sa fraîcheur, renforcée par la présence des bulles, pour marquer la fin de bouche d'une vivacité désaltérante. Pour un accord plus tonique et moins doux, il est possible de servir un crémant-de-bourgogne extra-dry.

Autres accords : cadillac, crémant-de-bourgogne brut, crémant-de-bourgogne sec, macvin-du-jura blanc.

Préparation : 1 h | **Repos :** 1 h | **Cuisson :** 20 min | **Difficile** | **Coût :** €€

Macarons à la framboise

Pour une vingtaine de petits macarons

Pour les coques :

- 3 blancs d'œufs à température ambiante
- 30 g de sucre en poudre
- 200 g de sucre glace
- 125 g de poudre d'amande
- 20 gouttes de colorant rouge

Pour la confiture de framboises :

- 250 g de framboises
- 70 g de sucre

Matériel

- papier sulfurisé
- poche à douille

1. Préparez la confiture. Essuyez les framboises dans un linge. Mettez-les dans une casserole avec le sucre. Laissez compoter à feu doux 10 min en remuant régulièrement.

2. Préparez les coques. Mélangez le sucre glace et la poudre d'amande. Mixez, puis tamisez. Montez les blancs d'œufs en neige avec 10 g de sucre à vitesse moyenne. Quand ils commencent à prendre, ajoutez le reste du sucre. Quand ils sont fermes, ajoutez le colorant. Avec une spatule en silicone, incorporez-les à la poudre en soulevant la pâte jusqu'à ce qu'elle soit souple.

3. Versez dans une poche à douille. Dressez des tas de pâte d'environ 3 cm de diamètre sur 2 plaques de four recouvertes de papier sulfurisé. Réservez 1 h à température ambiante. Préchauffez le four à 160 °C (th. 5/6). Enfournez 10 min.

4. Laissez les coques refroidir avant de les décoller. Garnissez-en la moitié avec de la confiture de framboises et assemblez-les avec une coque vide. Réservez au frais quelques heures avant de déguster.

Conseil : Pas de framboises fraîches ? Remplacez-les par des brisures de framboises surgelées ou une bonne confiture du commerce.

Variante : Saupoudrez les coques de noix de coco râpée avant de les cuire.

VIN RECOMMANDÉ : **CHAMPAGNE ROSÉ DEMI-SEC**

L'arôme gourmand de l'amande caractérise le goût des macarons, qui sont des petites pâtisseries marquées généralement par une nette douceur. Le caractère acidulé de la framboise équilibre cette note sucrée, tandis que l'onctuosité de la confiture est rehaussée du craquant de la coque. Un champagne rosé demi-sec donnera un accord très complet au niveau aromatique, ménageant une finale bien fraîche. Le mariage s'avère très élégant entre la légèreté et la sensation de crémeux des bulles et la texture friable et délicate du macaron.

Autres accords : champagne rosé extra-dry, champagne sec, crémant-de-loire blanc, maury ambré.

Préparation : 30 min | **Repos :** 30 min | **Cuisson :** 15 min | **Assez facile** | **Coût :** €€

Macarons chocolat-gingembre

Pour 45 à 50 petits macarons

- 190 g de poudre d'amandes
- 310 g de sucre glace
- 150 g de blancs d'œufs
- 95 g de sucre semoule
- 10 g de gingembre en poudre
- Quelques gouttes de colorant brun

Pour la ganache au chocolat noir :

- 200 g de chocolat noir à 70 % de cacao
- 20 cl de crème fraîche liquide
- 30 g de beurre
- 30 g de gingembre confit

1. Préchauffez le four à 150 °C (th. 5). Tamisez la poudre d'amandes, le sucre glace et le gingembre en poudre, puis mélangez-les soigneusement. Montez les blancs d'œufs en neige ferme, en y ajoutant le sucre semoule en trois fois. Versez le colorant dans cette préparation.

2. Incorporez les blancs aux poudres et travaillez le mélange jusqu'à ce qu'il soit lisse et brillant. À l'aide d'une poche à douille, dressez des petits macarons sur une plaque tapissée de papier sulfurisé. Laissez sécher pendant 30 min. Faites cuire au four, à mi-hauteur, pendant 9 à 10 min. Laissez refroidir les macarons sur la plaque avant de les détacher du papier.

3. Préparez la ganache. Concassez d'abord le chocolat. Portez la crème à ébullition et versez-la sur le chocolat. Laissez fondre le chocolat, ajoutez le beurre détaillé en petits morceaux et mélangez bien. Coupez le gingembre confit en petits dés. Incorporez-le à la ganache encore tiède.

4. Laissez refroidir puis, à l'aide d'une poche à douille ou d'une cuillère, garnissez-en la moitié des macarons. Recouvrez d'un second macaron.

VIN RECOMMANDÉ : **BANYULS GRAND CRU**

Cette pâtisserie offre l'alliance originale du cacao et du gingembre et appelle un vin doux rouge, riche et complexe à l'image d'un banyuls grand cru. Ce vin doux naturel du Roussillon, élevé longuement sous bois, livre un bouquet puissant de cacao, d'épices et de fruits confits, en harmonie avec les parfums du macaron. Ample et moelleux en bouche, le vin en soulignera la texture fondante, pour un accord très fusionnel, juste équilibre entre douceur et piquant du gingembre.

Autres accords : maury tuilé, pineau-des-charentes rouge, rasteau tuilé, rivesaltes tuilé.

Préparation : 25 min | **Cuisson :** 30 min | **Facile** | **Coût :** €

Millefeuille aux fraises

Pour 8 personnes
- 50 g de beurre
- 9 feuilles de brick
- 1 kg de fraises
- 500 g de fromage blanc 0 %
- 100 g de sucre glace

Matériel
- pinceau de cuisine
- fouet

1. Préchauffez le four à 180 °C (th. 6). Faites fondre le beurre. Avec un pinceau, badigeonnez-en les feuilles de brick et faites-les dorer l'une après l'autre dans une poêle. Cette opération prend environ 3 min par feuille.

2. Lavez et équeutez les fraises. Battez au fouet le fromage blanc avec le sucre glace.

3. Au moment de servir, passez au dressage du millefeuille. Déposez 3 feuilles de brick, puis 1 couche de fromage blanc, puis 1 couche de fraises, à nouveau 3 feuilles de brick… jusqu'à épuisement des ingrédients. Servez aussitôt.

Variante : Ce dessert, aussi bon que spectaculaire, peut être réalisé avec tous vos fruits préférés : myrtilles, framboises, groseilles.

VIN RECOMMANDÉ : **CHAMPAGNE ROSÉ (SEC OU EXTRA-DRY)**

Le fruité et le caractère acidulé du champagne s'accordent généralement très bien aux fruits rouges. On choisira un rosé, qui se caractérise par une gamme aromatique rappelant la gourmandise de ces petits fruits. Un mariage tout en fraîcheur, sans douceur excessive, qui n'exacerbe pas pour autant le caractère acide du vin. Inutile ici de choisir un champagne très dosé, plutôt un sec, voire un extra-dry, qui mettront en valeur ce dessert léger et original et permettront un accord fringant.

Autres accords : champagne blanc extra-dry, champagne blanc sec, rasteau grenat, rivesaltes ambré.

Préparation : 15 min | **Cuisson :** 10 min | **Facile** | **Coût :** €

Moelleux au chocolat

Pour 10 petits moelleux environ

- 1 gousse de vanille
- 125 g de beurre
- 200 g de chocolat
- 150 g de cassonade
- 50 g de farine
- 1 pincée de sel
- 3 œufs

Matériel

- petits moules à gâteaux (type moules à muffins)

1. Préchauffez le four à 190 °C (th. 6). Fendez la gousse de vanille dans la longueur et grattez l'intérieur à l'aide de la pointe d'un couteau afin de récupérer les petites graines noires qu'elle contient. Placez-les dans une casserole avec le beurre. Faites fondre le tout à feu moyen.

2. Ajoutez dans la casserole le chocolat et mélangez à l'aide d'un fouet jusqu'à ce qu'il ait complètement fondu. Versez alors la cassonade, mélangez bien, puis versez la farine et le sel. Mélangez à nouveau jusqu'à obtention d'une pâte homogène. Incorporez alors les œufs un à un, en fouettant bien entre chaque ajout. La pâte doit former une masse uniforme qui n'accroche plus les bords de la casserole. Coupez le feu.

3. Versez la pâte dans des moules graissés, aux deux tiers de leur hauteur, puis enfournez pour 10 min de cuisson. Les moelleux sont cuits lorsqu'ils sont gonflés et craquelés sur le dessus. Sortez-les alors du four et laissez-les tiédir quelques minutes avant de les démouler.

Conseils : Ces délicieux gâteaux peuvent être enrichis en ajoutant une touche de café. Si vous pouvez résister à la tentation, laissez-les reposer toute une nuit avant de les déguster. Ils seront encore plus moelleux à l'intérieur et craquants à l'extérieur.

VIN RECOMMANDÉ : **MAURY TUILÉ**

Ce dessert classique révèle la pureté du cacao et demande un vin doux rouge de type oxydatif. Longuement élevés au contact de l'oxygène, les vin doux naturels rouges dévoilent un bouquet de fruits secs, de fruits confits, de moka, d'épices douces et de cacao, et se caractérisent par des tanins veloutés et enrobés. Le mariage s'avère harmonieux et complet, jouant sur l'équilibre entre l'amertume du chocolat et la douceur du vin.

Autres accords : banyuls traditionnel, macvin-du-jura rouge, rasteau tuilé, rivesaltes tuilé.

Préparation : 20 min | **Cuisson :** 5 min | **Réfrigération :** 12 h | **Facile** | **Coût :** €€

Nougat glacé

Pour 6 à 8 personnes

- 75 g de pistaches
- 150 g d'amandes
- 120 g de sucre en poudre
- 3 œufs
- 100 g de miel d'acacia
- 40 cl de crème liquide

Matériel

- batteur électrique
- maryse
- moule carré ou rectangulaire (en silicone si possible)
- film alimentaire (facultatif)

1. Faites griller les pistaches et les amandes dans une poêle. Saupoudrez-les de sucre (20 g) et laissez-les caraméliser pendant 5 min (attention aux projections !). Versez le contenu de la poêle sur une planche à découper et laissez refroidir. Concassez la nougatine à l'aide d'un grand couteau.

2. Séparez les blancs des jaunes d'œufs. Dans un saladier, fouettez les jaunes avec le sucre restant (100 g), jusqu'à ce que le mélange blanchisse. Faites bouillir le miel dans une casserole.

3. Dans un autre saladier, montez les blancs d'œufs en neige bien ferme à l'aide du batteur électrique. Ajoutez le miel bouillant : versez sur le bord du saladier pour éviter les projections. Continuez de battre jusqu'à ce que le miel ait un peu refroidi. La meringue doit devenir lisse et brillante.

4. Incorporez la meringue aux jaunes d'œufs. Mélangez délicatement à la maryse.

5. Dans un saladier, montez la crème liquide bien froide en chantilly à l'aide du batteur électrique. Ajoutez-la à la préparation précédente. Ajoutez enfin les amandes et pistaches concassées.

6. Versez la préparation dans le moule en silicone ou un autre moule tapissé de film alimentaire. Conservez pendant au moins 12 h au réfrigérateur.

Conseil : Vous pouvez décorer le nougat glacé de copeaux de chocolat ou d'un coulis au caramel.

VIN RECOMMANDÉ : **MUSCAT-DE-BEAUMES-DE-VENISE BLANC**

Le nougat glacé se caractérise par sa douceur et ses arômes typés de fruits secs et de miel. Autant de saveurs et de parfums que l'on retrouvera dans un muscat-de-beaumes-de-venise au nez de verveine, de fruits confits, de rose, de confiseries orientales et de cire d'abeille. L'accord est fusionnel, tant au niveau des textures, l'onctuosité du muscat soulignant le fondant du nougat, qu'au niveau aromatique. Au final, la fraîcheur du vin s'impose et laisse une bouche très nette et sans lourdeur.

Autres accords : condrieu moelleux, muscat-de-lunel, rasteau ambré, rasteau blanc, rivesaltes ambré.

Préparation : 10 min | **Cuisson :** 15 min | **Facile** | **Coût :** €€

Papillote de pêches

Pour 6 personnes

- 3 pêches
- 35 g de pignons de pin
- 35 g d'amandes effilées
- 150 g de palets bretons
- 65 g de beurre salé
- 50 g de cassonade
- zeste d'1 citron

Matériel

- 6 carrés de papier sulfurisé de 25 x 25 cm

1. Préchauffez le four à 210 °C (th. 7).

2. Faites dorer à sec les pignons et les amandes effilées. Mixez ensemble les pignons, les amandes et les palets bretons. Mélangez le tout avec le beurre, la cassonade et le zeste du citron. Réservez.

3. Coupez les pêches en deux et ôtez leur noyau. Disposez 1 demi-pêche au centre de chaque carré de papier sulfurisé. Répartissez la préparation au biscuit à la place des noyaux.

4. Fermez les côtés des papillotes en laissant le sommet entrouvert et enfournez pour 15 min.

Variante : vous pouvez aussi préparer cette recette à la poêle, les filets ou les pavés de poisson sont ainsi saisis rapidement. Vous n'avez alors pas besoin d'ajouter de l'eau aux amandes.

VIN RECOMMANDÉ : **LOUPIAC**

Un dessert dominé par les arômes de la pêche compotée, rehaussés par la présence des zestes de citron, qui s'associera agréablement à un vin au fruité expressif et immédiat comme un loupiac, superbe liquoreux de style aérien, délicat et léger au palais. La douceur du dessert et le caractère moelleux du vin s'équilibrent, laissant apparaître en bouche une nette fraîcheur. La large gamme aromatique du loupiac, faite de pain d'épice, de fruits confits, d'agrumes, de fruits secs et de fleurs, s'harmonise aux parfums du dessert.

Autres accords : cadillac, coteaux-de-l'aubance, gaillac doux, graves supérieures.

Préparation : 30 min | **Réfrigération :** 1 à 2 h | **Facile** | **Coût :** €€€

Pêches de vigne au côte-de-brouilly

Pour 6 à 8 personnes

- 6 à 12 pêches de vigne selon leur taille
- 100 g de cassis
- 60 cl de côte-de-brouilly
- 1 petite lamelle de zeste de citron
- 100 g de sucre en poudre

1. Mettez le vin dans une casserole, faites-le chauffer à feu doux avec le sucre et le zeste de citron, tout en remuant afin de dissoudre le sucre.

2. Faites tremper les pêches quelques secondes dans de l'eau bouillante. Pelez-les et coupez-les en grosses lamelles. Faites-les cuire 20 min à feu moyen dans le vin.

3. Hors du feu, ajoutez les baies de cassis et laissez refroidir. Versez alors dans un compotier et mettez au réfrigérateur 1 à 2 h.

4. Servez ce dessert frais, accompagné d'un quatre-quarts, de biscuits secs ou encore d'un rigodon.

VIN RECOMMANDÉ : **BOURGOGNE ROUGE**

Les pêches de vigne se caractérisent par un goût typé, une légère pointe d'amertume rappelant le noyau et une touche d'âpreté. Cuites dans un sirop à base de vin rouge, elles s'imprègnent des tanins, sensation que renforcent les baies de cassis fraîches. Le dessert étant peu sucré, il est alors possible de faire un accord avec un bourgogne rouge, qui apportera arômes et texture tout à fait en harmonie avec ce dessert. Si l'on souhaite préserver un peu de douceur, il sera préférable de servir un crémant-de-bourgogne rosé demi-sec.

Autres accords : côte-de-brouilly, crémant-de-bourgogne rosé brut, irancy, rosé-des-riceys.

Préparation : 10 min | **Cuisson :** 5 min | **Congélation :** 5 h | **Assez facile** | **Coût :** €€

Soufflés glacés à la framboise

Pour 6 personnes

- 450 g de framboises
- 1 cuil. à soupe de jus de citron
- 250 g de yaourt nature 0 %
- 150 g de sucre en poudre
- 4 blancs d'œufs

Matériel

- mixeur
- batteur
- 6 ramequins
- papier sulfurisé

1. Mixez les framboises avec le jus de citron. Filtrez si vous n'aimez pas les grains, puis mélangez au yaourt nature. Portez 10 cl d'eau et le sucre à ébullition en remuant et laissez bouillir pendant quelques minutes.

2. Pendant ce temps, montez les blancs d'œufs en neige bien ferme et versez dessus le sirop bouillant sans cesser de battre. Fouettez jusqu'au refroidissement complet de la préparation. Incorporez alors délicatement le yaourt aux framboises.

3. Découpez 6 bandes de papier sulfurisé plus larges que la hauteur des ramequins. Scotchez-les autour des ramequins en les laissant dépasser en hauteur. Versez la préparation et faites prendre environ 5 h au congélateur. Retirez délicatement les collerettes de papier et dégustez aussitôt.

Conseil : Si vous n'avez pas de framboises fraîches, utilisez des framboises surgelées que vous laisserez décongeler 1 h à température ambiante avant de réaliser la recette.

VIN RECOMMANDÉ : **CRÉMANT-DE-LOIRE ROSÉ**

La nette dominance du goût acidulé de la framboise dans ce soufflé glacé, renforcée par la température de service, autorise un accord très tonique et savoureux avec un crémant-de-loire rosé, aux notes de petits fruits rouges évoquant la framboise, la fraise et la groseille, frais et rond en bouche. Ce vin tonique et gourmand donnera le change au niveau aromatique d'abord, exprimant les mêmes parfums, bien mûrs, ainsi qu'au niveau de la texture fondante de la glace, et de la fraîcheur très marquée de l'ensemble.

Autres accords : cabernet-d'anjou, cabernet-de-saumur, champagne rosé brut, crémant-de-bourgogne rosé.

Préparation : 20 min | **Réfrigération :** 30 min | **Facile** | **Coût :** €

Tartare de fruits exotiques

Pour 4 personnes

- 2 kiwis
- 2 bananes
- 1 ananas victoria
- 1 mangue
- 3 citrons verts
- 3 fruits de la Passion
- 3 brins de menthe
- 3 cuil. à soupe de cassonade
- 500 ml de glace à la noix de coco

1. Pelez les kiwis, les bananes, l'ananas et la mangue et coupez leur chair en petits dés, que vous versez dans un grand récipient. Pressez les citrons verts sur les fruits.

2. Coupez en deux les fruits de la Passion, prélevez leur chair à l'aide d'une petite cuillère et ajoutez-la dans le récipient. Versez la cassonade, mélangez bien et placez le tout au frais pendant 30 min.

3. Répartissez le tartare dans 4 assiettes, décorez-le avec des feuilles de menthe et servez avec une boule de glace coco.

VIN RECOMMANDÉ : **MONBAZILLAC**

Un dessert gourmand juste adouci par le sucre naturel des fruits, et par un soupçon de cassonade, qui s'accommodera parfaitement d'un monbazillac. Ce vin, rond et moelleux, à la large palette d'arômes fruités, est néanmoins très frais ; il donnera un accord très complet en harmonie avec les fruits exotiques variés qui composent ce tartare. La douceur du vin sera équilibrée par la note acidulée de la préparation à base de fruits frais, qui laissera une fin de bouche très nette et sans lourdeur.

Autres accords : alsace muscat vendanges tardives, champagne demi-sec, coteaux-de-l'aubance, saussignac moelleux.

Préparation : 25 min | **Réfrigération :** 1 h | **Facile** | **Coût :** €

Tarte au citron meringuée et spéculoos en verrine

Pour 4 verrines

- 4 citrons non traités (soit 20 cl de jus)
- 200 g de sucre en poudre
- 4 œufs : 4 blancs + 2 jaunes
- 15 g de Maïzena
- 8 spéculoos
- 1 pincée de sel

Matériel

- 4 verrines
- chinois
- poche à douille
- chalumeau (facultatif)
- film alimentaire
- batteur

1. Lavez, zestez 1 citron et prélevez le jus des 4 citrons. Dans une casserole, mélangez à froid le jus et les zestes de citron avec 100 g de sucre, les jaunes d'œufs et la Maïzena. Faites chauffer à feu doux tout en remuant jusqu'à ce que le mélange épaississe (sans jamais faire bouillir). Passez la préparation à travers le chinois puis filmez-la et placez-la 1 h au frais.

2. Émiettez grossièrement les spéculoos dans un bol puis répartissez les miettes au fond des verrines. Versez la crème au citron par-dessus. Montez les blancs en neige avec le sel. Lorsqu'ils commencent à être fermes, versez en pluie les 100 g de sucre restants tout en remuant.

3. Avec la poche à douille, dressez la meringue sur la crème au citron. Colorez les meringues à l'aide d'un chalumeau ou glissez les verrines 2 à 3 min sous le gril du four (en vous assurant que vos verrines supportent la chaleur).

VIN RECOMMANDÉ : **CHAMPAGNE SEC OU DEMI-SEC**

Un dessert classique adapté à la présentation en verrine, auquel les spéculoos apportent une note aromatique originale. Basée sur l'acidité du citron, tempérée par la douceur du sucre et de la meringue, cette préparation permet deux profils d'accords. Soit avec un champagne sec, de douceur très modérée, pour un mariage tonique mettant en valeur la fraîcheur du vin et la vivacité du citron ; soit avec un champagne demi-sec, plus doux et favorisant la rondeur et le moelleux de l'accord, ainsi que les arômes toastés et épicés des biscuits.

Autres accords : champagne doux, champagne extra-dry, jurançon, muscat-de-saint-jean-de-minervois.

Préparation : 30 min | **Cuisson :** 55 min | **Repos :** 12 h | **Facile** | **Coût :** €

Tarte aux fraises des bois et vanille

Pour 6 personnes

- 1 pâte sablée maison ou du commerce
- 1 blanc d'œuf
- 70 g de fraises
- 2 cl d'eau
- 1 cuil. à soupe de jus de citron
- 30 g de sucre en poudre
- 1 poivre long
- 40 cl de crème liquide
- 1 gousse de vanille
- 4 jaunes d'œufs
- 80 g de sucre
- 250 g de fraises des bois

1. La veille, préparez le sirop : coupez les fraises en dés, mettez-les dans une petite casserole avec l'eau, le jus de citron, le sucre et le poivre long légèrement concassé. Faites chauffer à feu moyen, en remuant jusqu'à ce que le mélange commence à bouillonner, le sucre doit être dissous. Laissez ensuite cuire à feu doux pendant 5 min. Versez le tout dans un bol et recouvrez d'un film alimentaire. Laissez refroidir à température ambiante puis placez le bol au frais pendant une nuit. Le lendemain, filtrez le sirop avec une petite passoire, en écrasant légèrement les fraises.

2. Préchauffez le four à 180 °C (th. 6). Préparez le fond de tarte et faites-le précuire à blanc environ 20 min. Afin de préserver le croustillant de la pâte, badigeonnez-la, avec un pinceau, de blanc d'œuf légèrement battu 5 min avant la fin de la cuisson.

3. Préparez la crème à la vanille : dans une casserole, portez à ébullition la crème avec la gousse de vanille coupée en deux. Mettez de côté hors du feu dès les premiers bouillons. Dans un saladier, fouettez vivement les jaunes d'œufs et le sucre. Ôtez la gousse de vanille de la crème, coupez-la en deux et récupérez les graines à l'intérieur à l'aide d'un petit couteau pointu. Ajoutez-les aux jaunes d'œufs battus. Versez par-dessus la crème tiédie tout en continuant de fouetter. Répartissez cette préparation sur le fond de tarte précuit. Enfournez pendant 20 à 25 min. Sortez la tarte du four, laissez-la refroidir à température ambiante puis placez-la au frais pendant 2 h.

4. Au moment de servir, arrosez la crème à la vanille de sirop de fraise et décorez avec les fraises des bois. Dégustez rapidement.

VIN RECOMMANDÉ : **CRÉMANT-DE-BOURGOGNE ROSÉ EXTRA-DRY**

Les fraises des bois apportent à ce dessert un fruité particulier et une petite note acidulée très agréable qui se mêle au jus de citron et compense la douceur de la crème et du sirop. Un crémant-de-bourgogne rosé extra-dry, caractérisé par une bonne fraîcheur et suffisamment de moelleux en milieu de bouche pour flatter ses arômes de petits fruits rouges, donnera un accord très harmonieux, fringant et enlevé. La légère saveur douce du vin se fera oublier pour une finale très nette et pratiquement pas sucrée.

Autres accords : cabernet-de-saumur, crémant-de-bourgogne rosé brut, crémant-de-bourgogne rosé sec, crémant-du-jura rosé brut.

Préparation : 20 min | **Cuisson :** 50 min | **Facile** | **Coût :** €

Tarte Bourdaloue

Pour 6 personnes

- 1 pâte sablée maison ou du commerce
- 6 poires mûres
- crème d'amande
- 70 g d'amandes effilées

1. Préchauffez le four à 180 °C (th. 6). Préparez le fond de tarte et faites-le précuire à blanc environ 20 min.

2. Pelez les poires, coupez-les en quatre, ôtez le cœur et les pépins. Retaillez chaque quartier en fines lamelles à l'aide d'un petit couteau bien aiguisé. Étalez la crème d'amande sur le fond de tarte précuit, posez les lamelles de poires. Enfournez pendant 25 à 30 min.

3. Dans une poêle chaude, faites dorer les amandes effilées sans ajouter de matière grasse. Sortez la tarte du four et parsemez d'amandes grillées.

VIN RECOMMANDÉ : **CRÉMANT-DE-BOURGOGNE SEC**

On trouvera dans un crémant-de-bourgogne sec de tendres arômes de fruits blancs rappelant la poire très mûre et des notes de fruits secs, comme l'amande ou la noisette, qui seront en parfaite harmonie avec cette classique tarte Bourdaloue. Le principe n'est pas de renforcer la saveur sucrée du dessert, mais simplement d'équilibrer le moelleux du vin et la douceur de la tarte. Le milieu de bouche sera très gourmand, avec une grande sensation de fondant, relayé par la fraîcheur du crémant et la légèreté des bulles.

Autres accords : clairette-de-die, crémant-de-bourgogne brut, crémant-de-bourgogne demi-sec, condrieu vendanges tardives.

Préparation : 25 min | **Cuisson :** 50 min | **Réfrigération :** 2 h | **Facile** | **Coût :** €

Tarte orange meringuée

Pour 6 personnes

- 1 pâte sablée du commerce
- 50 g de chocolat noir

Crème à l'orange :

- 4 oranges à jus
- 70 g de sucre glace
- 4 œufs
- 1 cuil. à soupe de Maïzena
- 60 g de beurre

Meringue :

- 3 blancs d'œuf
- 70 g de sucre semoule

1. Préchauffez le four à 180 °C (th. 6). Faites cuire le fond de tarte à blanc environ 30 min. Afin de préserver le croustillant de la pâte, avec un pinceau, badigeonnez-la à la fin de la cuisson de chocolat fondu et laissez refroidir.

2. Préparez la crème à l'orange. Pressez les oranges dans une casserole et ajoutez le sucre glace, faites fondre à feu doux. Pendant ce temps, mélangez les œufs et la Maïzena. Ajoutez ce mélange au jus d'orange tiède et remuez sans cesse sur feu moyen jusqu'à épaississement. Ajoutez le beurre en morceaux et mélangez vigoureusement. Garnissez le fond de tarte de crème à l'orange et placez-la au réfrigérateur 2 h.

3. Préchauffez le four sur la position gril. Préparez la meringue. Montez les blancs d'œufs en neige ferme en incorporant petit à petit le sucre. Répartissez cette meringue sur la crème à l'orange bien refroidie.

4. Passez la tarte quelques instants sous le gril du four pour colorer la meringue. Servez aussitôt ou conservez la tarte au réfrigérateur.

VIN RECOMMANDÉ : **HERMITAGE VIN DE PAILLE**

Le vin de paille de l'hermitage n'est produit que dans les très grands millésimes et en petite quantité. Issu des cépages marsanne et roussanne, il exprime des arômes complexes de fruits secs, de miel, de pain d'épices, de pâte de coing ou encore de marmelade et d'épices douces, et se caractérise par une grande onctuosité équilibrée par une exceptionnelle fraîcheur. Toutes les qualités requises pour donner un accord harmonieux sur une tarte à l'orange meringuée dont il évoque les arômes et le fruité, entre note d'amertume et douceur maîtrisée.

Autres accords : condrieu moelleux, monbazillac, muscat-de-beaumes-de-venise blanc, rasteau blanc, sauternes.

Préparation : 30 min | **Cuisson :** 25 min | **Facile** | **Coût :** €€

Tarte poires, noisette et chocolat

Pour 6 personnes

- 40 g de beurre demi-sel + 10 g de beurre doux (pour le moule)
- 1 rouleau de pâte brisée
- 3 belles poires (conférence, comice)
- 100 g de pépites de chocolat
- 20 g de poudre cristallisée Pure Via

Pour la crème de noisette :

- 60 g de beurre demi-sel
- 25 g de poudre cristallisée Pure Via
- 60 g de poudre de noisette
- 1 œuf

Matériel

- moule carré
- pinceau

1. Sortez le beurre du réfrigérateur quelques heures avant son utilisation afin qu'il ramollisse. Étalez la pâte sur un moule à tarte beurré et façonnez les bords. Piquez le fond et les bords à l'aide d'une fourchette. Placez au frais.

2. Préparez la crème de noisette : dans un saladier, déposez 60 g de beurre mou et le Pure Via. Mélangez. Incorporez la poudre de noisette et l'œuf. Mélangez énergiquement.

3. Pelez les poires, coupez-les en deux et évidez-les. Taillez-les en fines lamelles.

4. Préchauffez le four à 200 °C (th. 6-7). Faites fondre 40 g de beurre. Étalez une couche de crème de noisette sur le fond de tarte. Disposez dessus les lamelles de poire. À l'aide d'un pinceau, badigeonnez-les de beurre fondu. Parsemez de pépites de chocolat et saupoudrez de Pure Via, puis enfournez. Au bout de 10 min, baissez la température du four à 180 °C (th. 6). Poursuivez la cuisson 15 min. Servez tiède.

Conseil : vous pouvez accompagner cette tarte d'une glace à la vanille maison ou d'un coulis de caramel au beurre salé.

VIN RECOMMANDÉ : **RIVESALTES AMBRÉ**

Alliance classique de la poire et du chocolat, agrémenté d'une fondante crème de noisettes, ce dessert demande un vin fin, élégant et racé, comme un rivesaltes ambré. Riche et complexe, ce vin est marqué par des arômes d'évolution et par une note typique de rancio qui évoque la noix. L'accord est parfait, les arômes complexes de fruits confits, de fruits secs et d'épices douces répondant aux parfums de la tarte, tandis qu'en bouche les textures se mêlent et se révèlent d'une extrême onctuosité.

Autres accords : banyuls ambré, floc-de-gascogne blanc, maury blanc, muscat-de-mireval.

Préparation : 20 min | **Cuisson :** 18 min | **Facile** | **Coût :** €

Tartelettes croustillantes au melon rôti

Pour 6 personnes

- 6 feuilles de brick
- 40 g de beurre

Garniture :

- 1 melon
- 4 cuil. à soupe d'huile d'olive
- 3 cuil. à soupe de cassonade
- 6 boules de glace au calisson

Matériel

- 6 ramequins ou moules à tartelettes
- poids de cuisson

1. Préchauffez le four à 180 °C (th. 6). Faites fondre le beurre dans une casserole à feu doux ou quelques secondes au micro-ondes.

2. Badigeonnez les feuilles de brick de beurre fondu et superposez celles-ci par 3. Taillez 6 disques assez grands pour tapisser l'intérieur des ramequins. Garnissez avec les feuilles de brick les ramequins préalablement beurrés, recouvrez au fond d'un disque de papier sulfurisé et versez dessus des poids de cuisson. Colorez les feuilles de brick au four pendant 10 à 15 min. Surveillez la cuisson, elles doivent être dorées. Enlevez délicatement les poids et le papier sulfurisé puis laissez refroidir.

3. Préchauffez le four sur la position gril. Coupez le melon en deux et retirez les graines.

4. À l'aide d'une cuillère à pomme parisienne, faites des billes de melon. Ou, à défaut, coupez la chair du melon en cubes à l'aide d'un petit couteau pointu.

5. Déposez les billes de melon sur une plaque de four recouverte de papier sulfurisé. Arrosez-les d'huile d'olive et saupoudrez-les de cassonade. Enfournez sous la position gril pendant 3 à 4 min. Surveillez bien, les billes de melon doivent être dorées.

6. Répartissez les billes de melon dans les ramequins, sur les feuilles de brick. Servez avec une boule de glace au calisson.

VIN RECOMMANDÉ : **SAINT-PÉRAY EFFERVESCENT DEMI-SEC**

Dans cette recette au caractère très régional, le melon, fruit méridional par excellence, est mis en valeur, relevé du fruité de l'huile d'olive et de la note gourmande des fameux calissons d'Aix-en-Provence, petite confiserie à base d'amande et de melon confit. L'accord avec un saint-péray effervescent demi-sec sera à la fois très harmonieux et enlevé, le vin exprimant des arômes de fruits d'été et de fruits secs, comme la noisette ou l'amande, tout en apportant une agréable fraîcheur, que vient renforcer la présence des bulles.

Autres accords : banyuls blanc, clairette-de-die méthode ancestrale, floc-de-gascogne rosé, muscat-de-beaumes-de-venise.

Préparation : 20 min | **Cuisson :** 25 min | **Difficile** | **Coût :** €€

Tartouillat

Pour 6 personnes

- 1 kg de cerises noires
- 4 œufs
- 75 cl de lait entier tiède
- 100 g de beurre fondu + beurre pour le moule
- 250 g de farine
- 100 g de sucre en poudre
- 2 sachets de sucre vanillé
- 2 cuil. à soupe de sucre glace
- 1 pincée de sel

1. Dans une jatte, mélangez la farine, le sucre en poudre, le sucre vanillé et le sel. Creusez un puits au centre et cassez-y les œufs. Incorporez-les petit à petit avec une cuillère en bois tout en versant le lait tiède.

2. Travaillez cette pâte qui doit être lisse et coulante, mais un peu plus épaisse qu'une pâte à crêpes. Ajoutez alors le beurre fondu et mélangez bien le tout. Lavez et équeutez les cerises.

3. Préchauffez le four à 210 °C (th. 6-7). Beurrez un moule à gratin ou à tourte. Répartissez les cerises sur le fond et recouvrez-les de pâte. Mettez au four et faites cuire pendant 25 min. Saupoudrez de sucre glace et servez tiède.

Conseil : Vous pouvez également présenter les tartouillats dans de petits moules individuels.

VIN RECOMMANDÉ : **CRÉMANT-DE-BOURGOGNE ROSÉ DEMI-SEC**

Cette version bourguignonne du clafoutis aux cerises s'accordera parfaitement avec un crémant-de-bourgogne rosé demi-sec, aux arômes de petits fruits rouges rappelant la griotte, la framboise et la fraise, et à la texture onctueuse et gourmande, relevée d'une grande fraîcheur. On le servira bien frais pour contraster avec la tiédeur du dessert, sa douceur s'équilibrant avec le moelleux du vin et laissant apparaître en bouche beaucoup de fruité et une finale très tonique, que prolonge le léger piquant des bulles.

Autres accords : crémant-de-bourgogne blanc, crémant-de-bourgogne rosé brut, irancy, rosé-d'anjou.

Préparation : 15 min | **Cuisson :** 40 min | **Facile** | **Coût :** €

Tatin ananas et Carambars

Pour 6 personnes

- 500 g de pâte feuilletée prête à étaler
- 2 ananas
- 10 cl de crème fraîche liquide
- 20 Carambars

Matériel :

- 6 moules à tarte individuels

1. Préchauffez le four à 210 °C (th. 7). Étalez la pâte et découpez six disques d'un diamètre légèrement supérieur à celui de vos moules à tarte individuels. Mettez-les au réfrigérateur.

2. Pelez les ananas, coupez-les en quatre, ôtez leur cœur et taillez-les en morceaux.

3. Dans une poêle antiadhésive, faites fondre à feu doux les Carambars. Ajoutez la crème fraîche et mélangez. Rajoutez les morceaux d'ananas et faites-les cuire à feu doux pendant une quinzaine de minutes. Retirez-les et réservez.

4. Répartissez la crème aux Carambars au fond des moules. Couvrez avec les morceaux d'ananas puis recouvrez avec les disques de pâte feuilletée. Rentrez la pâte à l'intérieur des moules et enfournez. Laissez cuire 20 min. Démoulez rapidement au sortir du four et servez sans attendre.

VIN RECOMMANDÉ : **COTEAUX-DU-LAYON**

Cette tarte offre un équilibre gourmand entre la note douce et caramélisée de la sauce aux carambars, le caractère fruité et acidulé de l'ananas et la touche beurrée délicate de la pâte feuilletée. Avec ses nuances exotiques qui évoquent l'ananas, ses notes d'agrumes qui apportent la vivacité, un coteaux-du-layon sera le compagnon idéal de ce dessert. L'équilibre est là, entre fraîcheur et douceur.

Autres accords : coteaux-de-l'aubance, crémant-de-loire brut, montlouis-sur-loire moelleux, vouvray moelleux.

Préparation : 20 min | **Cuisson :** 25 min | **Repos :** 15 min | **Difficile** | **Coût :** €

Tatin aux abricots

Pour 6 personnes

- 1 pâte feuilletée

Garniture :

- 800 g d'abricots
- 2 brins de thym frais

Caramel au beurre salé :

- 100 g de sucre
- 2 cuil. à soupe d'eau
- 40 g de beurre salé

1. Préchauffez le four à 200 °C (th. 6-7). Lavez, coupez en deux les abricots et dénoyautez-les.

2. Préparez le caramel. Versez le sucre dans une casserole à fond épais avec 2 cuil. à soupe d'eau. Fouettez au départ à feu doux pour dissoudre le sucre. Portez à ébullition sans remuer. Lorsque le caramel a atteint une belle couleur ambrée, incorporez le beurre salé coupé en morceaux et ajoutez les abricots. Faites confire pendant 5 à 6 min.

3. Sortez la pâte du réfrigérateur, étalez-la au rouleau sur 3 mm d'épaisseur.

4. Répartissez les abricots dans le moule côté peau vers le fond et versez par dessus le caramel. Recouvrez le tout avec la pâte feuilletée, glissez les bords entre la paroi du moule et les abricots. Faites une croix au centre de la pâte pour permettre à la vapeur de s'échapper. Enfournez pendant 25 min. Laissez ensuite la tarte reposer 10 min avant de la retourner sur un plat. Décorez avec quelques feuilles de thym frais.

VIN RECOMMANDÉ : **CHAMPAGNE EXTRA-DRY**

Cette tarte Tatin aux abricots offre juste ce qu'il faut de douceur pour équilibrer la note acidulée des fruits, et demande un champagne également peu sucré, afin de créer un accord tonique et frais. L'extra-dry arrive après le brut en matière de dosage et son acidité compense sans problème la sensation de douceur. On favorisera une cuvée aux arômes de fruits jaunes bien mûrs et dotée d'une nette fraîcheur, un peu dans l'esprit du plat, afin que le vin souligne la saveur des abricots sans alourdir la bouche.

Autres accords : champagne rosé demi-sec, champagne sec, condrieu, pacherenc-du-vic-bilh.

Préparation : 25 min | **Cuisson :** 25 min | **Repos :** 10 min | **Difficile** | **Coût :** €€

Tatin de frécinettes au chocolat

Pour 6 personnes
- 1 pâte feuilletée

Caramel au beurre salé :
- 100 g de sucre
- 2 cuil. à soupe d'eau
- 40 g de beurre salé

Garniture :
- 15 bananes frécinettes
- 100 g de chocolat noir
- 50 g de noix de pécan

1. Préparez le caramel. Versez le sucre et 2 cuil. à soupe d'eau dans une casserole à fond épais. Fouettez au départ à feu doux pour dissoudre le sucre. Portez à ébullition sans remuer. Lorsque le caramel a atteint une belle couleur ambrée, incorporez le beurre salé coupé en morceaux. Versez le caramel au beurre salé dans le fond d'un moule.

2. Préchauffez le four à 200 °C (th. 6-7). Concassez le chocolat en petits morceaux ainsi que les noix de pécan avec un couteau à dents. Retirez la peau des bananes, disposez-les sur le caramel dans le fond du moule. Parsemez de chocolat et de noix de pécan.

3. Posez la pâte feuilletée sur les bananes et rentrez les bords dans le moule. Faites une petite cheminée au centre de la pâte pour permettre à la vapeur de s'échapper. Enfournez 25 min.

4. Laissez ensuite la tarte reposer 10 min avant de la retourner sur un plat. Servez tiède.

VIN RECOMMANDÉ : **RASTEAU BLANC**

Cette tarte tatin allie le fruité mûr de la banane au chocolat et à la noix de pécan, et demande un vin à la douceur maîtrisée, offrant des arômes de fruits compotés, de fruits secs et d'épices douces, comme ce rare rasteau blanc. Gras et suave, ce vin soulignera le fondant de la banane confite dans le caramel et permettra de réaliser un accord très gourmand, sur le caractère fruité du vin. Pour un mariage faisant plutôt ressortir la note de chocolat et de caramel du dessert, il est possible de servir un rasteau ambré.

Autres accords : clairette-de-die méthode ancestrale, crémant-de-limoux rosé, muscat-de-beaumes-de-venise, rivesaltes tuilé.

Préparation : 15 min | **Cuisson :** 45 min | **Facile** | **Coût :** €€

Tian aux trois pommes et gingembre confit

Pour 4 personnes

- 6 pommes (de 3 variétés différentes, non traitées)
- 3 cubes de gingembre confit
- 1 gousse de vanille
- 15 cl d'eau
- 2 cuil. à soupe de miel

1. Préchauffez le four à 180 °C (th. 6). Lavez et coupez les pommes en fines lamelles à l'aide d'un couteau ou d'une mandoline. Disposez-les, verticalement et en les alternant, dans un plat à gratin.

2. Taillez les cubes de gingembre en fines lamelles. Coupez la gousse de vanille en deux dans le sens de la longueur et grattez les graines à l'aide de la pointe d'un petit couteau.

3. Dans un bol, mélangez l'eau avec le miel, les graines de vanille et le gingembre confit. Versez cette préparation sur le tian.

4. Faites cuire le tian 45 min à 180 °C (th. 6). Les pommes doivent être caramélisées et fondantes.

VIN RECOMMANDÉ : **MOELLEUX**

Un dessert simple et original, qui offre un équilibre gourmand entre la douceur de la pomme et du miel, la touche fraîche et élégante de la vanille, et le caractère légèrement épicé et piquant du gingembre confit. Un côtes-de-bergerac moelleux, aux notes de fruits jaunes bien mûrs, de fruits secs et d'épices douces, et à la bouche suave et harmonieuse, donnera un accord très complet. D'une douceur équilibrée par une agréable vivacité, ce vin flattera le palais en faisant ressortir les saveurs du tian qu'il enrobera de sa rondeur.

Autres accords : alsace pinot gris vendanges tardives, blanquette-de-limoux méthode ancestrale, jurançon, rosette.

Préparation : 20 min | **Cuisson :** 45 min | **Facile** | **Coût :** €

Tian d'abricots rôtis au romarin

Pour 4 personnes

- 6 gros abricots bien mûrs
- 10 cl d'eau
- 50 g de sucre blond
- 3 branches de romarin frais

1. Préchauffez le four à 180 °C (th. 6). Lavez et coupez les abricots en deux. Retirez le noyau. Coupez les oreillons d'abricots en fines lamelles à l'aide d'un couteau.

2. Dans une casserole, faites chauffer l'eau avec le sucre et 2 branches de romarin. Faites cuire le sirop pendant 15 min puis filtrez-le à travers une passoire fine.

3. Dans un plat à gratin, disposez les lamelles d'abricots. Arrosez du sirop de romarin.

4. Faites cuire le tian 30 min à 180 °C (th. 6). Ajoutez quelques brins de romarin ciselé 10 min avant la fin de la cuisson.

VIN RECOMMANDÉ : **CONDRIEU MOELLEUX**

Le condrieu, vin blanc sec et généreux à base du cépage viognier, est également produit, en très petite quantité, en moelleux. Délicat, avec ses arômes de fruits confits, d'abricot sec et d'épices douces, ce vin offre le juste équilibre entre douceur et vivacité. Sur ces abricots rôtis très peu sucrés, simplement relevés par la touche fraîche et légèrement amère du romarin, l'harmonie est totale, jouant de la concordance des arômes, la note acidulée des fruits faisant écho à la fraîcheur du vin.

Autres accords : clairette-de-die méthode ancestrale, jurançon, muscat-de-beaumes-de-venise, muscat-de-frontignan.

Préparation : 20 min | **Cuisson :** 45 min | **Facile** | **Coût :** €€

Tian de pommes aux fruits secs et écorces d'oranges

Pour 4 personnes

- 6 pommes non traitées
- 15 cl d'eau
- 4 cuil. à soupe de miel
- 50 g de noisettes décortiquées
- 8 dattes
- 50 g d'écorces d'oranges confites

1. Préchauffez le four à 180 °C (th. 6). Lavez et coupez les pommes en fines rondelles à l'aide d'un couteau ou d'une mandoline. Disposez-les verticalement, en les alternant, dans un plat à gratin.

2. Arrosez le tian d'eau et de miel. Faites cuire le tian pendant 45 min à 180 °C (th. 6).

3. Concassez grossièrement les noisettes. Enlevez le noyau des dattes et coupez-les en fins bâtonnets. Coupez également finement les écorces d'oranges confites. Mettez-les de côté.

4. Environ 10 min avant la fin de la cuisson, ajoutez sur le tian les noisettes concassées, les dattes et les écorces d'oranges confites et poursuivez la cuisson.

VIN RECOMMANDÉ : **CADILLAC**

Fruité et nerveux, le cadillac est un blanc liquoreux qui livre de séduisants parfums de miel, de fleurs rappelant l'acacia ou le chèvrefeuille, de vanille, d'agrumes et d'abricot. Doté d'une matière riche et d'une douceur équilibrée, ce vin accompagne de façon très harmonieuse ce dessert tout en fruit et peu sucré, et donne un accord frais et gourmand. De nombreux vins de ce cru dévoilent une note typée dite de « rôti », témoignant de la présence de la pourriture noble sur les raisins. Cet arôme s'associe à merveille aux écorces d'orange confite.

Autres accords : alsace pinot gris, bonnezeaux, cérons, loupiac, sainte-croix-du-mont.

Préparation : 25 min | **Cuisson :** 50 min à 1 h | **Facile** | **Coût :** €€

Tourte aux fruits rouges

Pour 6 personnes

- 1 pâte sablée maison ou 2 pâtes sablées du commerce
- 1 œuf
- 1 blanc d'œuf
- 125 g de myrtilles
- 150 g de fraises
- 125 g de mûres
- 125 g de framboises
- 3 cuil. à soupe de miel
- le jus d'1 citron
- 1 cuil. à soupe de verveine hachée

1. Préchauffez le four à 180 °C (th. 6). Préparez le fond de tarte et faites-le précuire à blanc environ 20 min. Afin de préserver le croustillant de la pâte, badigeonnez-la, avec un pinceau, de blanc d'œuf légèrement battu 5 min avant la fin de la cuisson. Gardez les chutes de pâte dans un film alimentaire au frais pour réaliser les bandelettes.

2. Mélangez dans un saladier tous les fruits rouges, versez le miel, le jus du citron et la verveine, mélangez délicatement. Répartissez cette préparation sur le fond de tarte précuit.

3. Préparez la dorure en battant l'œuf dans un bol. Étalez avec un rouleau à pâtisserie les chutes de pâte ou, à défaut, utilisez une pâte sablée du commerce pour réaliser les bandelettes de pâtes.

4. Découpez des bandelettes de pâte de 1 cm de large à l'aide d'une roulette cannelée. Déposez-les sur le dessus de la tarte et formez des losanges. Faites-les adhérer sur les bords de la tarte avec un peu d'œuf battu. Badigeonnez toutes les bandelettes avec l'œuf battu. Enfournez pendant 30 à 40 min. Dégustez tiède ou chaud.

VIN RECOMMANDÉ : **CRÉMANT-DE-BOURGOGNE ROSÉ BRUT**

Les vins effervescents en général, et les crémants-de-bourgogne en particulier, donnent d'excellents accords sur la note fruitée et acidulée des petits fruits rouges. Si le dessert est raisonnablement sucré, inutile alors de servir un vin très dosé. Un crémant-de-bourgogne rosé brut, voire extra-dry, permettra de créer un mariage riche, très aromatique, tonique et gourmand, mettant en valeur le caractère fruité du vin faisant écho à celui de la tourte. La finale sera fraîche sans pour autant exacerber le mordant de l'acidité du crémant.

Autres accords : cabernet-d'anjou, crémant-de-bourgogne rosé extra-dry, crémant-de-bourgogne rosé sec, rasteau rosé.

Préparation : 20 min | **Congélation :** 2 h | **Réfrigération :** 1 h | **Facile** | **Coût :** €

Vacherin glacé tout rose

Pour 6 personnes

- 18 meringues roses
- 1 l de glace à la fraise
- 20 cl de crème Chantilly
  quelques fraises (facultatif)

Matériel

- moule rond ou rectangulaire
- film alimentaire
- poche à douille cannelée

1. Émiettez grossièrement 6 meringues et disposez-les dans le moule préalablement recouvert de film alimentaire.

2. Versez la glace à la fraise dans le moule, sur les meringues. Ajoutez 6 meringues émiettées et congelez le vacherin pendant au mois 2 h. Démoulez le vacherin sur le plat de service et retirez délicatement le film alimentaire.

3. Versez la crème Chantilly dans la poche à douille cannelée. Décorez-en le tour du vacherin.

4. Placez le vacherin pendant 1 h au réfrigérateur, puis décorez-le avec les 6 meringues restantes. Vous pouvez ajouter quelques fraises fraîches au centre du vacherin.

Variante : Vous pouvez réaliser un vacherin glacé à deux parfums : vanille-fraise par exemple. Il vous suffira d'ajouter une couche de meringues émiettées entre les deux couches de glace.

Conseils : Cette recette peut se préparer quelques jours à l'avance. Pensez à sortir le vacherin glacé du réfrigérateur 10 min avant de le servir.

VIN RECOMMANDÉ : **CHAMPAGNE ROSÉ SEC**

Le nom évocateur de ce dessert impose un champagne rosé, pour un bel accord de couleurs. Paré de meringues et de crème Chantilly qui en renforcent la douceur, ce vacherin glacé sera parfait avec un champagne sec, offrant rondeur et moelleux, en milieu de bouche, et une bonne fraîcheur. La température de la glace soutient et prolonge la vivacité du vin, flattant les arômes expressifs de petits fruits rouges, apportés par les cépages pinot noir et pinot meunier, et caractéristiques du champagne rosé.

Autres accords : cabernet-de-saumur, champagne rosé demi-sec, champagne rosé extra-dry, rivesaltes rosé.

AUTRES
ACCORDS

Plus de 500 accords gourmands, classés par type de plats : apéritif, entrées, foie gras, charcuterie, coquillages et crustacés, poissons, viandes rouges et blanches, gibier, volaille et lapin, pâtes et riz, épices et sauces, fromages, desserts. Parfait pour choisir le vin qui accompagnera votre repas.

APÉRITIF

C'est le moment idéal pour servir les vins blancs secs, jeunes et fruités (beaujolais blanc, bourgogne-aligoté, vins de Corse et de Savoie, vins de Loire...), le champagne et autres vins effervescents, comme les crémants. Ils ouvrent l'appétit et n'ont pas l'effet saturant des apéritifs riches en sucre ou en alcool, comme les moelleux, liquoreux et vins doux naturels. En outre, ils permettent de vrais accords avec mini-tartines salées, feuilletés, bouchées, verrines et tapas. Certains rosés et rouges légers conviendront également.

LÉGENDE DES TABLEAUX :

■ vins rouges tranquilles
■ vins rosés tranquilles
■ vins blancs tranquilles
● vins rosés effervescents
● vins blancs effervescents

APÉRITIF

plats	vins
Acras de morue	■ saint-chinian, bellet, saint-joseph, crozes-hermitage, touraine (sauvignon)
Anchoïade	■ bandol, cassis ■ coteaux-d'aix-en-provence, pierrevert, côtes-du-roussillon
Beignets de crevettes	● crémant-de-bordeaux, crémant-de-die ■ alsace riesling, pouilly-loché, vin-de-savoie Chignin-Bergeron
Beignets de légumes	■ cassis, côtes-de-provence, corse
Cake au jambon et aux olives	■ limoux, saint-péray, saint-joseph, crozes-hermitage ■ grignan-les-adhémar, luberon, bergerac rosé, coteaux-varois-en-provence
Cake au saumon et à l'aneth	● crémants, champagne brut ■ quincy, reuilly, petit-chablis, costières-de-nîmes
Cake aux noix et au bleu	● crémants, champagne blanc de noirs ■ macvin-du-jura, pineau-des-charentes
Cake aux saint-jacques et aux tomates cerises	■ château-grillet, saint-péray, saint-joseph, corbières ■ bordeaux clairet, cassis
Cake aux tomates séchées et aux olives	■ côtes-du-roussillon, côtes-de-provence, tavel ■ côtes-du-rhône, languedoc Pic-Saint-Loup
Caviar	● champagne brut ■ alsace grand cru (riesling), chablis grand cru, pessac-léognan, sancerre
Caviar d'aubergine	■ languedoc, gaillac, côtes-de-provence ■ bordeaux rosé, côte-roannaise
Crostinis tomate et jambon	■ côtes-de-provence, palette, ajaccio, vin-de-corse ■ vin-de-corse, côtes-du-rhône, châtillon-en-diois, ventoux, anjou-gamay

plats	vins
Feuilletés à la saucisse	■ rosé-de-loire, rosé-d'anjou, touraine-noble-joué, reuilly, bergerac rosé, côtes-de-toul ■ beaujolais, coteaux-du-lyonnais, anjou, touraine (gamay)
Feuilletés au fromage	● champagne brut, tous les crémants ■ pouilly-fumé, bourgogne-aligoté, saint-véran, mâcon, côtes-du-jura
Feuilletés d'escargot en persillade	■ viré-clessé, bourgogne-hautes-côtes-de-beaune ■ marsannay
Fromage blanc et fines herbes	■ touraine (sauvignon), cheverny, pouilly-sur-loire, vin-de-savoie Crépy
Guacamole	■ limoux, côtes-du-rhône, lirac, luberon, vin-de-corse
Houmous	■ costières-de-nîmes, côtes-de-provence, bellet, cassis, corbières, minervois
Olives et tapenade	■ cassis, bellet, palette, côtes-du-roussillon ■ bandol, tavel, côtes-de-provence, pierrevert, ventoux ■ costières-de-nîmes, minervois
Rillettes de saumon	■ bourgogne-aligoté, saint-bris, beaujolais, côtes-de-bourg, graves
Tapas au jambon	● blanquette-de-limoux, champagne brut ■ côtes-du-rhône, brouilly, fleurie, saint-pourçain
Tapas aux anchois	■ bandol, cassis, bellet, collioure, ajaccio, lirac
Tarama	■ touraine (sauvignon), pouilly-sur-loire, pouilly-fumé, saint-bris, alsace muscat, alsace klevener-de-heiligenstein
Tartare de légumes	■ tavel, lirac, costières-de-nîmes
Tartelettes au boudin blanc	● champagne blanc de blancs ■ sancerre, vouvray, montlouis, pouilly-fuissé, coteau-du-layon, jurançon moelleux ■ mâcon

ENTRÉES

Froides ou chaudes, à base de viande ou de poisson, la gamme des entrées est extrêmement variée, et les accords sont innombrables.
Les blancs frais et onctueux s'accordent parfaitement avec les préparations froides à base de poisson et de fruits de mer, ainsi qu'avec la note beurrée et toastée des quiches et autres tartes salées.
Le fruité des rosés s'impose sur les tartes aux légumes, les pizzas ou encore sur un cocktail de crevettes, tandis qu'un rouge gouleyant (du type beaujolais et autres vins issus de gamay) servi frais sera parfait avec les spécialités de tourtes et pâtés à la viande.

ENTRÉES

plats	vins
Artichauts à la barigoule	■ rosé-de-loire, corbières, baux-de-provence, coteaux-d'aix-en-provence, touraine-amboise
Asperges à la crème	■ alsace muscat, entre-deux-mers, condrieu, touraine, reuilly
Asperges en vinaigrette ou sauce mousseline	■ alsace muscat, bourgogne-hautes-côtes-de-beaune, lirac, valençay, menetou-salon
Avocat aux crevettes	■ côtes-de-duras, petit-chablis, seyssel, coteaux-du-giennois, quincy
Bouchées à la reine	■ chorey-lès-beaune, meursault, puligny-montrachet, mâcon-villages, montlouis-sur-loire
Brick au thon	■ côtes-de-provence, languedoc, cabardès, côtes-du-roussillon, collioure
Carottes râpées	■ saumur, bordeaux sec, gros-plant-du-pays-nantais, muscadet, pouilly-sur-loire
Carpaccio de bœuf	■ bordeaux clairet, vin-de-corse, costières-de-nîmes ■ côtes-du-rhône, saint-amour, orléans
Cassolette de fruits de mer	■ muscadet-sèvre-et-maine, graves, mercurey, pouilly-fuissé ■ costières-de-nîmes, lirac
Cassolette de poisson	■ savigny-lès-beaune, saint-aubin, rully, côtes-du-roussillon, limoux
Céleri rémoulade	■ alsace sylvaner, bourgogne-aligoté, côtes-de-blaye, gaillac, bordeaux sec
Chèvres chauds aux raisins secs	■ limoux, bandol, saint-joseph, vouvray demi-sec, pacherenc-du-vic-bilh moelleux
Croque-monsieur	■ cabernet-de-saumur, rosé-d'anjou, rosé-de-loire, orléans
Escargots persillés	■ bourgogne, bouzeron, viré-clessé ■ marsannay, mâcon
Feuilles de vigne	■ tavel, côtes-de-provence, patrimonio, ventoux, lirac, cheverny

plats	vins
Flammekueche	■ alsace pinot ou klevner, alsace sylvaner, moselle, valençay ■ côtes-de-toul, alsace pinot noir
Galette au jambon et au fromage	■ cabernet-de-saumur, saumur, châteaumeillant ■ anjou-gamay, beaujolais-villages, coteaux-du-giennois, coteaux-d'ancenis
Garbure	■ malepère, buzet, cahors, saumur, bourgueil
Gaspacho	■ tavel, côtes-de-provence, bandol, ajaccio, lirac, bordeaux rosé, gaillac
Jambon cru et melon	■ bergerac rosé, bordeaux clairet, tavel ■ beaujolais, touraine (gamay), côtes-du-rhône
Maquereau au vin blanc	■ fiefs-vendéens, muscadet, gros-plant-du-pays-nantais, touraine (sauvignon)
Marbré de saumon aux herbes	■ cassis, saint-joseph, patrimonio
Nems au porc ou au poulet	● crémant-de-limoux ■ alsace gewurztraminer, alsace muscat, saint-joseph, côtes-du-rhône-villages, bandol
Nems aux crevettes	● crémant-de-limoux, crémant-d'alsace ■ alsace riesling, alsace pinot blanc, chablis, anjou
Parmentier de morteau au chou braisé	■ côtes-du-jura trousseau, arbois poulsard, brouilly
Piperade	■ bergerac rosé, irouléguy ■ bergerac, côtes-du-marmandais, gaillac
Pissaladière	■ languedoc, lirac, bandol ■ faugères, malepère, côtes-de-provence
Pizza au thon et aux anchois	■ languedoc, lirac, bandol ■ faugères, malepère, côtes-de-provence

ENTRÉES

plats	vins
Pizza aux trois fromages	■ vin-de-corse, côtes-du-rhône ■ ajaccio, marsannay, palette
Pizza margherita	■ bordeaux clairet, bergerac rosé, vin-de-corse, côtes-de-provence ■ vin-de-corse, côtes-du-rhône-villages
Petits farcis niçois	■ cassis, tavel, côtes-de-provence ■ côtes-du-rhône-villages, coteaux-varois-en-provence, ventoux
Poivrons marinés	■ côtes-du-roussillon, côtes-du-rhône-villages, ajaccio, coteaux-d'aix-en-provence
Quiche au saumon	■ chablis, côtes-de-toul, moselle, menetou-salon, pouilly-fumé
Quiche aux fruits de mer	■ alsace chasselas ou gutedel, moselle, muscadet, vin-de-savoie, cheverny
Quiche lorraine	■ alsace sylvaner, côtes-de-toul, saint-bris, seyssel, cour-cheverny, anjou
Rouleaux de printemps	■ bourgogne, saint-bris, rully, menetou-salon, coteaux-du-giennois, bordeaux sec
Salade de chèvre chaud	■ valençay, touraine, chinon, quincy, haut-poitou
Salade de fruits de mer	■ bordeaux-haut-benauge, côtes-de-bordeaux-saint-macaire, entre-deux-mers, muscadet-coteaux-de-la-loire
Salade de gésiers confits	■ bordeaux, bergerac, pécharmant, côtes-du-rhône, fronton
Salade niçoise	■ coteaux-d'aix-en-provence, tavel, côtes-du-rhône, malepère
Samoussa au bœuf	■ patrimonio, corbières, vacqueyras, lirac
Soufflé au fromage	● crémant-de-loire, crémant-de-bourgogne ■ pouilly-loché, pouilly-vinzelles, montlouis-sur-loire ■ saumur-champigny, touraine (gamay)
Soupe au pistou	■ bellet, coteaux-d'aix-en-provence, coteaux-varois-en-provence, tavel
Soupe de poisson	■ bergerac sec, saint-bris, côte-de-beaune, pouilly-fumé, sancerre
Soupière de saumon au champagne	● champagne blanc de blancs ■ pouilly-fuissé, savennières
Taboulé	■ cabernet-d'anjou, coteaux-du-loir, gaillac, tavel, minervois, côtes-du-rhône
Tartare de saumon	● champagne extra-brut ■ petit-chablis, graves, muscadet, sancerre
Tarte aux oignons	■ alsace sylvaner, bourgogne-aligoté, moselle ■ alsace pinot noir, côtes-de-toul
Tarte aux trois fromages	■ roussette-de-savoie, seyssel ■ chénas, marcillac, côtes-d'auvergne
Terrine de poisson	■ alsace sylvaner, bordeaux sec, bourgogne, côtes-du-jura, coteaux-du-vendômois
Tomates mozzarella et basilic	■ cassis, graves-de-vayres ■ bellet, luberon
Tourte au saumon	● crémant-de-loire, champagne blanc de blancs ■ muscadet-sèvre-et-maine, saumur, quincy

CHARCUTERIES ET ABATS

Les charcuteries appellent la convivialité, et les vins blancs, rouges ou rosés trouvent ici d'agréables compagnons. Le saucisson sec se marie aux rouges tendres et fruités. Les jambons crus s'accordent aussi bien avec un blanc méridional qu'avec un rouge charnu. Rillettes et andouilles appellent les blancs vifs, pâtés et terrines des rouges aimables et fruités, et le boudin noir des rouges plus puissants. Côté abats, rognons, foie de veau, tripes ou tête de veau s'accordent avec les vins rouges frais et souples, l'andouillette avec un blanc rond au boisé léger, et les raffinés ris de veau avec un blanc onctueux. Les saucisses s'accorderont quant à elles à des vins rouges sur le fruit, souples et sans excès de tanins.

CHARCUTERIES ET ABATS

plats	vins
Andouille	■ viré-clessé, muscadet-sèvre-et-maine, montlouis-sur-loire, jasnières vouvray, pouilly-fumé, bergerac
Andouillette au vin blanc	■ savennières, chablis, saint-véran, viré-clessé, vouvray, quincy
Andouillette grillée	■ bourgogne-aligoté, chablis premier cru, chorey-lès-beaune, cheverny ■ coteaux-du-lyonnais, beaujolais-villages, mâcon
Andouillette sauce moutarde	■ petit-chablis, bouzeron, saint-pourçain ■ côte-de-brouilly, chénas, touraine (gamay)
Boudin antillais	■ côtes-du-rhône-villages, crozes-hermitage, cornas, fronton, minervois
Boudin blanc	● champagne ■ saint-véran, saint-bris, pouilly-fumé, alsace riesling, alsace pinot blanc
Boudin noir	■ côtes-de-bourg, saint-émilion, béarn, cornas, collioure
Chipolatas	■ ajaccio, côtes-de-provence, tavel ■ bordeaux, bergerac, gaillac, côtes-du-rhône
Diots au vin blanc	■ bugey, roussette-de-savoie, vin-de-savoie Seyssel, vin-de-savoie Chignin Bergeron
Foie de veau à la vénitienne	■ rosé-de-loire, coteaux-du-loir ■ chiroubles, médoc, bourgueil, menetou-salon, côtes-du-jura
Foie de veau poêlé	■ rosé-des-riceys, tavel, lirac ■ brouilly, fleurie, reuilly, saint-pourçain
Fromage de tête	■ beaujolais, saint-bris, petit-chablis, valençay ■ saint-amour, coteaux-du-giennois, coteaux-du-quercy
Jambon braisé au porto	■ pécharmant, cadillac-côtes-de-bordeaux, limoux, cornas, crozes-hermitage
Jambon cru	■ collioure, patrimonio, ajaccio ■ irouléguy, patrimonio, gigondas, vacqueyras, côtes-du-rhône-villages
Jambon persillé	■ viré-clessé, mâcon-villages, marsannay ■ marsannay, bourgogne rosé ■ bourgogne-passetoutgrain, fleurie, irancy, saint-nicolas-de-bourgueil
Jambon vendéen aux mogettes	■ fiefs-vendéens, anjou-gamay, chiroubles, haut-poitou, touraine
Langue de bœuf sauce madère	■ côtes-de-bourg, fitou, médoc, gigondas, vacqueyras
Langue de bœuf sauce piquante	■ tavel, lirac, bandol ■ beaujolais supérieur, madiran, entraygues-le-fel, châteaumeillant, saint-chinian
Pâté de campagne	■ côtes-du-rhône, rosé-d'anjou ■ côtes-de-bourg, saint-pourçain, chiroubles, saint-amour, côtes-du-rhône
Pâté de lapin	■ bourgogne-côte-chalonnaise, viré-clessé, graves-de-vayres ■ juliénas, côte-roannaise, côtes-d'auvergne
Pâté de lièvre	■ saumur-champigny, saint-nicolas-de-bourgueil, moulin-à-vent, mercurey, saint-aubin, côtes-de-duras
Pâté en croûte	■ alsace pinot noir, chénas, ladoix, saint-romain, touraine-mesland
Pieds de porc	■ juliénas, touraine (gamay), irancy, côtes-d'auvergne, côtes-du-forez
Rillettes de canard	■ quincy, reuilly, jasnières, bordeaux sec ■ touraine-noble-joué, bordeaux clairet ■ anjou, coteaux-du-vendômois, orléans-cléry, coteaux-du-loir

CHARCUTERIES ET ABATS

plats	vins
Rillettes de porc	■ jasnières, pouilly-fumé, sancerre ■ touraine-azay-le-rideau, sancerre ■ alsace pinot noir, bourgogne-passetoutgrain, touraine
Rillettes d'oie	■ bergerac sec, côtes-de-duras, touraine (sauvignon), valençay ■ lavilledieu, estaing
Ris de veau à la crème	■ coteaux-du-layon, côtes-de-bergerac blanc, jurançon, puligny-montrachet, meursault, châteauneuf-du-pape
Ris de veau aux morilles	■ barsac, chassagne-montrachet, côtes-du-jura, hermitage, pessac-léognan
Ris de veau sauce madère	■ morgon, castillon-côtes-de-bordeaux, pomerol, haut-médoc, côte-rôtie
Rognons d'agneau	■ côtes-du-rhône-villages, anjou-villages-brissac, bourgueil, saumur-champigny, lussac-saint-émilion
Rognons de veau à la bordelaise	■ puisseguin-saint-émilion, margaux, saint-émilion, pauillac, saint-estèphe
Rognons de veau sautés	■ anjou-villages, saumur-champigny, saint-émilion, crozes-hermitage, cornas
Saucisse au chou	■ bourgogne-grand-ordinaire, haut-poitou, fiefs-vendéens, coteaux-du-loir, châteaumeillant
Saucisse de Toulouse grillées	■ buzet, côtes-du-brulhois, côtes-du-marmandais, fronton, lavilledieu, cahors
Saucisse lentilles	■ régnié, lavilledieu, saint-sardos, estaing, coteaux-d'ancenis, fiefs-vendéens
Saucisse sèche	■ beaujolais-villages, côte-roannaise, coteaux-du-giennois, bourgogne
Saucisson à l'ail	■ côtes-du-rhône, saint-péray, saint-joseph, minervois, ajaccio ■ tavel, lirac, collioure
Saucisson brioché	■ anjou-gamay, brouilly, chénas, coteaux-du-lyonnais, mâcon
Saucisson sec	■ beaujolais, touraine (gamay), côte-roannaise, côtes-du-rhône, irancy
Terrine de foie de volaille	■ bordeaux supérieur, morgon, bergerac, marcillac, côtes-du-forez
Terrine de gibier	■ bourgogne-hautes-côtes-de-nuits, moulin-à-vent, givry, fitou, montagne-saint-émilion
Terrine de volaille	■ marsannay, côte-de-beaune ■ saumur, rosé-de-loire ■ régnié, graves, saint-nicolas-de-bourgueil
Tête de veau sauce gribiche ou ravigote	■ valençay, saint-pourçain ■ rosé-d'anjou, alsace pinot noir, beaujolais ■ bourgogne-grand-ordinaire, beaujolais, anjou-gamay
Tripes à la mode de Caen	■ coteaux-du-loir, coteaux-du-vendômois, anjou, chablis, bourgogne
Tripes à la provençale	■ côtes-de-provence, baux-de-provence, côtes-du-rhône-villages, vinsobres, beaumes-de-venise, ajaccio
Tripoux	■ saint-pourçain, coteaux-du-giennois ■ marcillac, entraygues-le-fel, côtes-de-millau, coteaux-du-quercy, côtes-d'auvergne

FOIE GRAS

L'accord classique avec les vins doux n'est pas une obligation. C'est avec le foie gras en bocal, moins fondant que le mi-cuit, que s'imposent les vins moelleux ou liquoreux. Le principe est d'associer le gras du vin au fondant du foie en favorisant la vivacité.
Le fondant prononcé du mi-cuit et sa pureté aromatique autorisent le service d'un champagne ou d'un bourgogne blanc. Avec une escalope de foie gras poêlée, un champagne brut donne un accord tonique. Le contraste entre l'onctuosité et l'acidité est ici recherché. Il est également possible de servir un vin rouge typé du Sud-Ouest ou du Bordelais : les tanins du vin et l'onctuosité du foie se tempèrent.

FOIE GRAS

plats	vins
Aiguillettes de canard au foie gras	■ volnay, monthélie, maranges, blagny, beaune
Cailles farcies au foie gras et au raisin	■ saint-émilion, saint-georges-saint-émilion, buzet, minervois, costières-de-nîmes
Coquilles Saint-Jacques au foie gras	■ meursault, pessac-léognan, palette, alsace pinot gris, saint-joseph, montlouis-sur-loire
Crème brûlée au foie gras	■ loupiac, coteaux-du-layon, chaume, haut-montravel, monbazillac
Escalope de foie gras poêlée aux raisins	■ corbières-boutenac, cabardès, languedoc, vacqueyras, châteauneuf-du-pape
Feuilletés au foie gras	■ barsac, cérons, loupiac ■ madiran, fronsac, lalande-de-pomerol
Feuilletés au foie gras et aux cèpes	■ pomerol, cahors, fitou, saint-joseph, vin-de-corse
Foie gras aux abricots	■ coteaux-de-l'aubance, coteaux-de-saumur, rosette, muscat-de-lunel, coteaux-du-loir
Foie gras aux groseilles	■ côtes-de-bergerac, cahors, madiran, banyuls, rivesaltes
Foie gras de canard	■ côtes-de-montravel, pacherenc-du-vic-bilh, barsac, puligny-montrachet, meursault ■ saint-émilion grand cru, haut-médoc
Foie gras d'oie	■ coteaux-du-layon, côtes-de-duras moelleux, saussignac, muscat-de-rivesaltes, montlouis-sur-loire moelleux, sauternes
Foie gras et confiture de figue	■ monbazillac, jurançon, bonnezeaux, muscat-de-beaumes-de-venise, muscat-de-mireval
Foie gras et confiture d'oignon	■ gaillac doux, vouvray moelleux, coteaux-du-layon, cérons, muscat-du-cap-corse
Foie gras truffé	■ saint-émilion, pomerol, médoc, cahors, irouléguy, madiran
Œufs cocotte au foie gras	■ graves, gaillac, mâcon-villages, saint-péray, roussette-de-savoie
Salade de foie gras et magrets de canard	■ beaujolais-villages, languedoc, côtes-du-rhône, fronton, cahors
Salade de poires au foie gras	■ quarts-de-chaume, coteaux-du-layon, vouvray moelleux, cadillac, muscat-de-saint-jean-de-minervois
Soufflé au foie gras	● champagne blanc de noirs ■ alsace grand cru (pinot gris), arbois, côtes-du-jura, montlouis-sur-loire demi-sec
Tagliatelles au foie gras et aux truffes	■ meursault, puligny-montrachet, corton-charlemagne, montrachet, hermitage, châteauneuf-du-pape
Terrine au foie gras	■ médoc, montagne-saint-émilion, faugères, corbières, patrimonio
Tourtes de faisan au foie gras	■ côtes-de-bergerac, côtes-du-marmandais, pomerol, margaux, saint-julien
Volaille sauce au foie gras	■ alsace grand cru (gewurztraminer), alsace pinot gris, puligny-montrachet, vouvray demi-sec ■ vacqueyras, beaumes-de-venise

COQUILLAGES ET CRUSTACÉS

Le règne des vins blancs. Le plateau de coquillages appelle des vins légers, secs et très minéraux. Fondantes et douces, les coquilles Saint-Jacques s'associent aux blancs nerveux. Avec une sauce crémée, on favorisera des vins plus tendres, voire légèrement moelleux. Le tourteau et les gambas appellent un blanc vif sur le fruit. La langoustine, fine et fondante, s'allie aux blancs délicats et ronds dont le choix définitif sera fait en fonction de la sauce : d'un champagne brut à un blanc méridional avec une sauce au curry. Le homard et la langouste imposent un blanc harmonieux et opulent. Servis froids accompagnés de mayonnaise, ils s'allient à des vins plus simples, vifs et fruités.

COQUILLAGES ET CRUSTACÉS

plats	vins
Bisque de homard	■ faugères, cassis, palette, condrieu, saint-péray
Bouquets à la mayonnaise	■ reuilly, fiefs-vendéens, languedoc Picpoul-de-Pinet, entre-deux-mers
Bulots mayonnaise	■ touraine (sauvignon), quincy, muscadet-sèvre-et-maine, gros-plant-du-pays-nantais
Cassolette de moules au safran	■ languedoc Picpoul-de-Pinet, jurançon sec, bellet, muscat-de-sèvres-et-maine, sancerre
Coquilles Saint-Jacques en persillade	■ cassis, palette, bandol, hermitage, côtes-du-roussillon
Coquilles Saint-Jacques gratinées	■ savennières, mercurey, montagny, chevalier-montrachet, vouvray
Crabe	■ bourgogne-hautes-côtes-de-nuits, montravel, côtes-de-blaye, chablis grand cru, entre-deux-mers
Crabe farci	● crémant-du-jura ■ entre-deux-mers, pessac-léognan, muscadet-côtes-de-grand-lieu, mâcon
Crevettes à l'aneth	■ alsace sylvaner, bordeaux sec, bergerac sec, petit-chablis, gros-plant-du-pays-nantais
Crevettes au curry	■ bordeaux sec, côtes-de-duras, chablis, mâcon-villages, coteaux-du-giennois
Crevettes en persillade	■ muscadet, saint-aubin, petit-chablis, rully, costières-de-nîmes, saint-joseph
Crevettes sautées sel et poivre	■ alsace gewurztraminer, alsace klevener-de-heiligenstein, coteaux-d'aix-en-provence, crozes-hermitage, vacqueyras
Écrevisses à la nage	■ crozes-hermitage, chablis grand cru, chevalier-montrachet, corton-charlemagne, meursault
Écrevisses poêlées	■ bordeaux sec, gaillac, bouzeron, bourgogne-hautes-côtes-de-beaune, châtillon-en-diois
Gambas au curry	■ alsace klevener-de-heiligenstein, montravel, pouilly-fuissé, condrieu, lirac
Gambas flambées au cognac	■ meursault, châteauneuf-du-pape, côtes-de-provence, palette, limoux
Gambas grillées	■ côtes-de-blaye, rully, limoux, pouilly-loché, saint-péray
Gratin d'écrevisses	■ alsace riesling, savennières, chablis, pessac-léognan, pouilly-fumé
Gratin de fruits de mer	■ pouilly-fuissé, viré-clessé, lirac, vin-de-savoie ■ costières-de-nîmes, bandol
Homard à l'américaine	■ alsace vendanges tardives (gewurztraminer), savennières-roche-aux-moines, musigny, château-chalon, palette
Homard grillé	■ chablis premier cru, chevalier-montrachet, montrachet, condrieu, hermitage
Homard thermidor	■ puligny-montrachet, bâtard-montrachet, corton, corton-charlemagne, arbois (vin jaune)
Huîtres crues	● champagne extra-brut ■ chablis, sainte-foy-bordeaux, muscadet-sèvre-et-maine, pouilly-fumé
Huîtres gratinées	■ alsace pinot ou klevner, chablis, languedoc Picpoul-de-Pinet, graves, pessac-léognan
Langoustes et homards froids	■ chablis, sancerre, faugères, montagny, pouilly-fuissé, cassis
Langoustes grillées	■ alsace riesling, puligny-montrachet, saint-aubin, santenay, pessac-léognan
Langoustines au safran	■ corton-charlemagne, montrachet, château-grillet, coteaux-de-l'aubance, savennières-coulée-de-serrant
Langoustines grillées	■ savennières, chablis premier cru, pernand-vergelesses, muscadet-sèvre-et-maine, quincy

COQUILLAGES ET CRUSTACÉS

plats	vins
Langoustines mayonnaise	■ muscadet, entre-deux-mers, sancerre, anjou, languedoc Picpoul-de-Pinet, reuilly
Mouclade	■ bergerac sec, haut-poitou, muscadet, quincy, pineau-des-charentes
Moules à la crème	■ mercurey, entre-deux-mers, viré-clessé, vin-de-savoie Chignin-Bergeron, pouilly-sur-loire
Moules au curry	■ alsace vendanges tardives (riesling), savennières, blaye-côtes-de-bordeaux, montagny, entre-deux-mers
Moules crues	■ minervois, faugères, languedoc, chablis, vin-de-corse
Moules farcies	■ savennières, blaye-côtes-de-bordeaux, corbières, cassis, condrieu
Noix de Saint-Jacques à la crème	■ bâtard-montrachet, beaune, meursault, hermitage, vouvray
Noix de Saint-Jacques poêlées	● champagne blanc de blancs ■ savennières-roche-aux-moines, rully, ladoix, pernand-vergelesses
Oursins et violets	■ petit-chablis, entre-deux-mers, cassis, fiefs-vendéens, muscadet-sèvre-et-maine
Plateau de fruits de mer	● champagne extra-brut ■ alsace sylvaner, entre-deux-mers, gros-plant-du-pays-nantais, muscadet, fiefs-vendéens, touraine (sauvignon)
Praires à l'étouffée	■ alsace pinot gris, clairette-du-languedoc, languedoc, minervois, côtes-du-rhône-villages, bandol
Tourteau	■ languedoc, chablis, alsace riesling, sancerre, pouilly-fuissé, vin-de-savoie

POISSONS CRUS, FUMÉS ET CUITS

Les vins blancs ont la part belle ici. Tartares, carpaccios, poissons fumés, poissons grillés ou en friture réclament en général des vins blancs jeunes, frais et minéraux. Des blancs plus ronds et onctueux seront réservés aux grosses pièces cuites au four ou poêlées (cabillaud, daurade...), aux poissons nobles (bar, turbot, sole...) ou en sauce crémée.
Toutefois, rosés vineux ou rouges légers peuvent également trouver leur place avec du thon et sa consistance proche de la viande, avec un poisson cuisiné aux épices, avec des rougets et leur caractère iodé, ou encore avec un poisson cuisiné au vin rouge.

POISSONS CRUS, FUMÉS ET CUITS

plats	vins
Alose à l'oseille	■ bergerac sec, côtes-du-marmandais, tursan, graves, pessac-léognan
Anguille grillée	■ alsace riesling, fiefs-vendéens, muscadet-sèvre-et-maine, cour-cheverny
Bar au fenouil	■ beaune, limoux, mâcon-villages, côtes-de-provence, cassis, hermitage
Bar grillé	■ meursault, montrachet, savigny-lès-beaune, pessac-léognan, pouilly-fumé
Blanquette de lotte	■ savennières, jasnières, montlouis-sur-loire, touraine-amboise, sancerre
Bouillabaisse	■ patrimonio, bandol, bellet, côtes-de-provence, palette
Bourride de lotte	■ ajaccio, languedoc, coteaux-varois-en-provence, saint-péray, grignan-les-adhémar
Brandade de morue	■ cassis, coteaux-varois-en-provence, côtes-du-roussillon, costières-de-nîmes ■ côtes-de-provence, collioure
Brochet au beurre blanc	■ givry, rully, cheverny, pouilly-sur-loire, sancerre
Brochet poché au vin rouge	■ chambertin et autres grands crus de Gevrey-Chambertin, chambolle-musigny, volnay
Cabillaud au vin blanc	■ saumur, beaujolais, auxey-duresses, côte-de-nuits-villages, menetou-salon
Calamars à l'armoricaine	■ patrimonio, bandol, côtes-de-provence, côtes-du-rhône-villages, lirac
Carpaccio de thon	■ irouléguy, lirac, tavel, collioure, côtes-du-roussillon
Carrelet meunière	■ savennières, chablis, pouilly-fuissé, graves, muscadet-sèvres-et-maine
Choucroute de la mer	● champagne blanc de blancs ■ alsace grand cru (riesling), alsace sylvaner, chablis grand cru
Colin meunière	■ bourgogne-aligoté, petit-chablis, coteaux-champenois, entre-deux-mers, saint-mont
Colin sauce crevettes	■ bourgogne, bourgogne-côte-chalonnaise, graves-de-vayres, touraine-azay-le-rideau
Couscous de poisson	■ corbières, languedoc, côtes-de-provence, côtes-du-roussillon ■ tavel, lirac
Daurade au citron	■ côtes-de-blaye, ajaccio, saint-véran, chablis premier cru, condrieu
Daurade au fenouil	■ alsace pinot blanc, pouilly-vinzelles, côtes-de-provence, luberon, côtes-du-rhône
Daurade au four	■ vin-de-corse, meursault, puligny-montrachet, pouilly-fuissé, coteaux-d'aix-en-provence, minervois
Espadon grillé	■ blaye-côtes-de-bordeaux, ajaccio, saint-péray, vin-de-savoie Chignin-Bergeron, jasnières
Filet de grenadier à la moutarde	■ alsace sylvaner, bordeaux sec, bourgogne, gros-plant-du-pays-nantais, pouilly-sur-loire
Filet de lieu grillé	■ bordeaux sec, bourgogne-aligoté, entre-deux-mers, côtes-de-toul, touraine (sauvignon)
Filet de merlan aux artichauts	■ bordeaux, blaye-côtes-de-bordeaux, mâcon-villages, coteaux-d'aix-en-provence, côtes-du-roussillon
Filet de perche	■ alsace chasselas ou gutedel, montagny, roussette-de-savoie, vin-de-savoie, cour-cheverny
Filet de sole bonne-femme	■ bergerac, pacherenc-du-vic-bilh, montagny, touraine, pouilly-fumé
Filet de thon aux câpres	■ côtes-de-provence, saint-joseph, châteauneuf-du-pape ■ saint-joseph, collioure
Friture de chipirons	■ côtes-de-provence, palette, cassis, patrimonio ■ bordeaux clairet, corbières, fronton, gaillac, tavel

POISSONS CRUS, FUMÉS ET CUITS

plats	vins
Friture de poissons	■ saint-bris, quincy, bouzeron, bergerac sec, touraine (sauvignon)
Haddock moutarde	■ alsace sylvaner, côtes-du-jura, côtes-du-rhône, muscadet, fiefs-vendéens
Harengs pomme à l'huile	■ givry, rully, gros-plant-du-pays-nantais, fiefs-vendéens, muscadet
Lamproie à la bordelaise	■ bergerac, côtes-de-duras, côtes-de-bourg, fronsac, médoc
Lotte à la provençale	■ côtes-de-provence, collioure, cassis, ajaccio ■ côtes-de-provence, baux-de-provence, collioure
Lotte au safran	■ alsace grand cru (gewurztraminer), bâtard-montrachet, viré-clessé, barsac, sauternes
Matelote au riesling	■ alsace riesling, alsace pinot gris, savennières, jasnières, pouilly-fumé
Morue aux haricots	■ corbières, saint-chinian, irouléguy, jurançon sec, côtes-du-roussillon
Omble-chevalier à la crème	■ chablis grand cru, côte-de-beaune, saint-aubin, vin-de-savoie Chignin Bergeron, chinon
Quenelles de brochet	■ savennières-coulée-de-serrant, coteaux-du-lyonnais, auxey-duresses, montagny, graves
Raie aux câpres	■ alsace chasselas ou gutedel, entre-deux-mers, muscadet-coteaux-de-la-loire, vouvray, pouilly-sur-loire
Raie sauce à la crème	■ alsace pinot blanc, mâcon-villages, cassis, menetou-salon, pouilly-fumé
Rougets grillés	■ bordeaux rosé, rosé-de-loire, patrimonio, bandol, luberon
Sandre au beurre blanc	■ alsace pinot ou klevner, coteaux-de-l'aubance, chinon, beaune
Sandre grillé	■ anjou, chinon, pouilly-fumé, chassagne-montrachet, saint-véran

plats	vins
Sardines grillées	■ bordeaux sec, languedoc, muscadet ■ coteaux-varois-en-provence, ajaccio
Saumon à l'oseille	■ chablis premier cru, viré-clessé, côtes-de-blaye, pessac-léognan, quincy
Saumon fumé	● champagne brut ■ alsace riesling, chablis, mâcon, pouilly-fumé
Saumon grillé	■ chablis, jurançon sec, cheverny, reuilly, blaye-côtes-de-bordeaux, petit-chablis
Saumon mariné à l'aneth	■ alsace riesling, chablis premier cru, beaune, jasnières, touraine (sauvignon)
Sole meunière	■ meursault, saint-aubin, pessac-léognan, entre-deux-mers, pouilly-vinzelles
Sushis	● champagne blanc de blancs ■ alsace riesling, saint-bris, muscadet, quincy
Tajine de lotte au fenouil	■ chablis grand cru, montrachet, hermitage, luberon, graves
Thon basquaise	■ béarn, châteauneuf-du-pape ■ tavel, irouléguy ■ irouléguy, saint-mont
Truite au bleu	■ alsace riesling, pouilly-fuissé, jurançon sec, montlouis-sur-loire
Truite aux amandes	■ santenay, savigny-lès-beaune, mâcon-villages, vin-de-savoie, vouvray
Truite grillée	■ bourgogne-côte-chalonnaise, château-chalon, jurançon sec, roussette-de-savoie, touraine-mesland
Turbot au beurre blanc	● champagne blanc de blancs ■ montrachet, saint-aubin, hermitage, pessac-léognan
Turbot grillé	■ savennières, chablis premier cru, chassagne-montrachet, vougeot, pouilly-fuissé

VIANDES BLANCHES (porc, veau)

Veau ou porc, blancs, rosés et rouges ont ici leur place, selon le mode de cuisson, la sauce et le morceau choisi. Une côte de veau à la crème ou une blanquette s'accordera avec un blanc tendre et fruité. Un veau rôti demande des rouges tendres et peu tanniques. Pour les plats en sauce (osso bucco, veau marengo...), on choisira un rouge généreux du Sud ou un rosé vineux. Un blanc léger et fruité soulignera la délicatesse d'un filet mignon à la crème. Braisé ou mijoté, le porc nécessite des rouges souples au fruité compoté, un rôti, des rouges fruités et toniques.

VIANDES BLANCHES

plats	vins
VEAU	
Aillade de veau	■ graves, alsace pinot gris, mâcon, saint-véran ■ chinon, beaune, saint-aubin
Blanquette de veau	■ montagny, saint-aubin, pouilly-fuissé ■ anjou, brouilly, chénas
Carpaccio de veau au thon (vitello tonnato)	■ arbois, bandol, côtes-du-roussillon ■ irouléguy, tavel, lirac
Côte de veau à la crème	■ alsace pinot ou klevner, saumur, savennières-coulée-de-serrant, montagny, mâcon
Côte de veau à l'estragon et à la crème	■ chassagne-montrachet, meursault, viré-clessé, condrieu, pessac-léognan
Côte de veau aux girolles	■ aloxe-corton, ladoix, clos-de-vougeot, puisseguin-saint-émilion, margaux
Côte de veau grillée	■ anjou-villages, blaye, cadillac-côtes-de-bordeaux, graves, bourgueil
Côte de veau Lucullus (bacon et gruyère)	■ bordeaux rosé, fronton ■ saumur, givry, beaujolais-villages, côtes-du-rhône
Épaule de veau à la basquaise	■ béarn, irouléguy ■ béarn, saint-mont, tursan
Épaule de veau aux aubergines	■ crozes-hermitage, corbières, vin-de-corse, côtes-du-ventoux, côtes-du-rhône-villages
Escalope de veau milanaise	■ beaujolais, roussette-de-savoie ■ marsannay, bourgogne ■ chinon, beaune, saint-aubin
Filet mignon de veau rôti	■ alsace pinot noir, auxey-duresses, chassagne-montrachet, volnay, saint-nicolas-de-bourgueil
Grenadins de veau braisés	■ alsace pinot noir, anjou-villages, morgon, ladoix, bourgueil
Hachua de veau	■ cabardès, tavel, bandol ■ buzet, côtes-du-marmandais, gaillac, béarn
Jarret de veau au citron	■ mâcon, alsace sylvaner, alsace pinot gris, vouvray, loupiac
Jarret de veau au paprika	■ ajaccio, saint-chinian, cassis, coteaux-d'aix-en-provence, côtes-de-provence
Jarret de veau aux pruneaux	■ gigondas, fitou, côtes-du-roussillon, minervois, coteaux-d'aix-en-provence
Jarret de veau braisé	■ blaye-côtes-de-bordeaux, canon-fronsac, saint-émilion, beaumes-de-venise, vinsobres
Osso bucco	■ saint-chinian, costières-de-nîmes, tavel ■ côtes-de-provence, coteaux-d'aix-en-provence, patrimonio, collioure
Paupiettes de veau à la crème	■ touraine-noble-joué, cheverny, saint-nicolas-de-bourgueil ■ reuilly, anjou-gamay, haut-poitou, orléans
Paupiettes de veau à la tomate	■ vin-de-corse, costières-de-nîmes, pierrevert, grignan-les-adhémar, graves
Paupiettes de veau braisées	■ bordeaux, juliénas, saint-amour, ventoux, côtes-du-rhône, saumur-champigny
Poitrine de veau farcie	■ côtes-de-bergerac, nuits-saint-georges, lalande-de-pomerol, lussac-saint-émilion, vinsobres
Rôti de veau en cocotte	■ santenay, saint-romain, castillon-côtes-de-bordeaux, fronsac, moulis-en-médoc, bourgueil
Rôti de veau farci aux champignons	■ clos-de-vougeot, clos-saint-denis, lussac-saint-émilion, margaux, saint-estèphe
Rôti de veau Orloff	■ haut-médoc, moulis-en-médoc, pauillac, pessac-léognan, chinon
Saltimbocca	■ lirac, bandol, vacqueyras ■ bordeaux, bergerac, côtes-du-rhône, vin-de-corse
Sauté de veau à la tomate	■ malepère, buzet, luberon, ventoux, pierrevert

VIANDES BLANCHES

plats	vins
Sauté de veau au curry	■ alsace grand cru (gewurztraminer ou pinot gris), côtes-de-duras, pouilly-fuissé, barsac
Sauté de veau aux petits pois	■ marsannay, mâcon-villages ■ anjou-villages, saumur-champigny, valençay, mâcon
Tendrons de veau braisés	■ morgon, limoux, minervois, haut-médoc, chinon
Veau aux olives	■ bordeaux clairet, tavel, cassis, bandol ■ saint-joseph, côtes-du-rhône-villages, luberon
Veau marengo	■ pécharmant, ajaccio, côtes-du-brulhois, coteaux-d'aix-en-provence, vinsobres
PORC	
Baeckeoffe	■ rosé-des-riceys ■ alsace pinot noir, bourgogne-passetoutgrain, saumur-champigny, saint-amour
Carré de porc à la sauge	■ bordeaux, languedoc, monthélie, saumur-champigny
Colombo de porc	■ alsace gewurztraminer, alsace grand cru (pinot gris), condrieu, côtes-du-rhône, lirac
Confit de porc aux haricots blancs	■ médoc, madiran, cahors, fronton, côtes-du-marmandais
Côtes de porc grillées	■ bordeaux rosé, bergerac rosé, vin-de-corse, ■ bordeaux, gaillac, beaujolais-villages, cheverny, orléans, anjou
Daube de porc au curry	■ alsace gewurztraminer, savennières-coulée-de-serrant, arbois, côtes-du-jura, condrieu
Filet mignon de porc rôti	■ bordeaux rosé, bordeaux clairet ■ saumur-champigny, bourgogne, chiroubles, coteaux-d'ancenis
Grenadins de porc à la moutarde	■ alsace pinot ou klevner, chablis, bouzeron ■ aloxe-corton, saint-romain
Petit salé aux lentilles	■ bourgogne-hautes-côtes, chénas, côtes-de-bourg, mâcon, touraine-mesland
Pieds de porc panés	■ chiroubles, régnié, coteaux-du-lyonnais, valençay, saint-pourçain
Potée auvergnate	■ entraygues-le-fel, côte-roannaise, côtes-d'auvergne, côtes-du-forez, saint-pourçain
Rouelles de porc grillées	■ saumur-champigny, bergerac, marcillac, estaing, tursan
Rôti de porc au four	■ rosé-des-riceys ■ beaujolais-villages, côte-de-beaune, bourgueil, chinon
Rôti de porc aux pommes	■ anjou, vouvray ou montlouis demi-secs, alsace gewurztraminer ■ chiroubles, givry, menetou-salon, orléans
Rôti de porc aux pruneaux	■ anjou-villages-brissac, bordeaux supérieur, minervois, francs-côtes-de-bordeaux, côtes-du-rhône-villages
Rôti de porc froid	■ cour-cheverny, saumur ■ bordeaux rosé, rosé-d'anjou ■ beaujolais-villages, châteaumeillant, côtes-d'auvergne
Tomates farcies	■ ajaccio, vacqueyras, bordeaux rosé ■ côtes-du-rhône-villages, côtes-du-vivarais, vacqueyras, luberon
Travers de porc laqués	■ faugères, saint-chinian, cahors, madiran, côtes-du-rhône-villages, côtes-du-roussillon-villages
Travers de porc sauce aigre-douce	■ languedoc, minervois, gigondas, vacqueyras, côtes-du-roussillon-villages

VIANDES ROUGES (bœuf, agneau, mouton)

Les rouges règnent ici en maître : souples et fruités pour la texture fondante du steack tartare ; plus structurés pour une entrecôte grillée, un rosbif ou une côte de bœuf ; évolués et aux tanins patinés pour la chair confite des viandes braisées et mijotées ; charnus, généreux, au fruité immédiat pour le pot-au-feu...
Quant à l'agneau, fondant et goûteux, souvent accompagné d'aromates (thym, ail, romarin...), il apprécie les vins rouges du Sud, généreux et épicés, mais aussi les rouges de caractère (Médoc, Sud-Ouest, Languedoc-Roussillon) avec un gigot rôti et cuit rosé, ou des vins plus âgés et veloutés, aux tanins fondus avec le fameux gigot de sept heures ou une épaule longuement braisée.

VIANDES ROUGES

plats	vins
	AGNEAU ET MOUTON
Agneau aux fèves et artichauts	■ languedoc Pic-Saint-Loup, gigondas, châteauneuf-du-pape, vinsobres, collioure, côtes-du-roussillon-villages
Agneau sucré-salé (dattes ou pruneaux)	■ châteauneuf-du-pape, collioure, savennières, alsace pinot gris ■ baux-de-provence, vacqueyras, châteauneuf-du-pape, collioure, patrimonio
Boulettes d'agneau (keftadakia)	■ corbières, fitou, languedoc, côtes-du-rhône, côtes-du-roussillon
Brochette d'agneau	■ listrac-médoc, crozes-hermitage, pierrevert, côtes-du-marmandais
Brochette de mouton	■ anjou-villages-brissac, médoc, cahors, baux-de-provence, bandol, vacqueyras
Carré d'agneau aux cèpes	■ fronsac, montagne-saint-émilion, saint-georges-saint-émilion, pauillac, saint-estèphe
Carré d'agneau rôti	■ saint-aubin, aloxe-corton, pommard, pomerol, moulis-en-médoc, luberon, vinsobres, vacqueyras
Côte d'agneau grillée	■ baux-de-provence, tavel ■ saint-chinian, côtes-du-roussillon-villages, chinon, haut-médoc
Curry d'agneau	■ faugères, collioure ■ bellet, bandol, bordeaux clairet ■ bandol, saint-joseph, cornas, crozes-hermitage, lirac
Épaule d'agneau grillée	■ pécharmant, lalande-de-pomerol, pomerol, saint-émilion grand cru, bonnes-mares, chambertin
Filet d'agneau à la purée d'herbes	■ pierrevert, vinsobres, saint-émilion
Gigot d'agneau de sept heures	■ échézeaux, romanée-conti, montagne-saint-émilion, pauillac, saint-estèphe, saint-julien

plats	vins
Gigot d'agneau en méchoui	■ fitou, minervois, baux-de-provence, vinsobres, côtes-du-roussillon
Gigot d'agneau rôti	■ pomerol, saint-julien, médoc, blaye, chassagne-montrachet
Gigot de mouton	■ pécharmant, pauillac, madiran, irouléguy, pessac-léognan
Haricot de mouton	■ bordeaux supérieur, buzet, tursan, côtes-du-brulhois, tursan
Moussaka	■ bandol, tavel, baux-de-provence, côtes-du-rhône ■ vin-de-corse, grignan-les-adhémar, ventoux, coteaux-d'aix-en-provence
Navarin d'agneau	■ mercurey, saint-romain, côtes-de-bourg, côte-rôtie, ventoux
Pot-au-feu d'agneau	■ anjou-villages-brissac, saumur-champigny, morgon, morey-saint-denis, marcillac
Sauté d'agneau au curry	■ costières-de-nîmes, tavel, bordeaux clairet ■ patrimonio, cornas, beaumes-de-venise, lirac
Sauté d'agneau miel et romarin	■ corbières, faugères, saint-chinian, côtes-de-provence, côte-rôtie, saint-joseph, gigondas
Selle d'agneau rôtie	■ blagny, richebourg, gevrey-chambertin, haut-médoc, margaux, saint-julien, pauillac
Souris d'agneau confite	■ santenay, corbières-boutenac, fronsac, saint-émilion grand cru, vacqueyras
Tajine d'agneau aux courgettes	■ côtes-du-rhône-villages, côtes-de-provence, languedoc Pic-Saint-Loup, collioure, côtes-du-roussillon
Tajine d'agneau aux pruneaux	■ saint-chinian, castillon-côtes-de-bordeaux, haut-médoc, châteauneuf-du-pape, côtes-du-roussillon-villages
Tajine d'agneau au raisins et aux amandes	■ châteauneuf-du-pape, costières-de-nîmes, faugères ■ costières-de-nîmes, tavel, bandol ■ coteaux-varois-en-provence, languedoc, beaumes-de-venise

VIANDES ROUGES

plats	vins
BŒUF	
Bavette à l'échalote	■ saumur-champigny, bordeaux supérieur, faugères, saint-chinian, minervois, crozes-hermitage,
Bavette d'aloyau grillée	■ bordeaux, bordeaux supérieur, blaye, lussac-saint-émilion, puisseguin-saint-émilion, graves
Bœuf à l'angevine	■ anjou-villages-brissac, coteaux-d'ancenis, mercurey
Bœuf à l'indienne (miel et curry)	■ minervois-la-livinière, cornas, crozes-hermitage, saint-joseph, pierrevert
Bœuf à la ficelle	■ irancy, monthélie, pernand-vergelesses, savigny-lès-beaune, coteaux-champenois
Bœuf au poivron	■ buzet, béarn ■ languedoc, listrac-médoc, anjou-villages, bourgueil, fronton
Bœuf miroton	■ bourgogne, beaujolais-villages, saint-amour, châtillon-en-diois, châteaumeillant, anjou-gamay
Bœuf mode aux carottes	■ côte-de-beaune-villages, côte-de-nuits-villages, maranges, ladoix, fixin
Bœuf sauté sauce saté	■ côtes-de-provence, coteaux-varois-en-provence, tavel, cabardès ■ fleurie, chiroubles, anjou-gamay
Boulettes de bœuf à la tomate	■ fitou, corbières-boutenac, côtes-du-roussillon-villages, luberon, costières-de-nîmes
Carbonade de bœuf à la flamande	■ bourgogne-côte-chalonnaise, côte-de-nuits-villages, aloxe-corton, saumur-champigny, bourgueil
Châteaubriand grillé	■ margaux, saint-julien, saint-émilion grand cru, pessac-léognan, gevrey-chambertin, chambertin, chambertin-clos-de-bèze
Côte de bœuf grillée	■ margaux, saint-julien, pauillac, saint-estèphe, pessac-léognan, hermitage, côte-rôtie, corton, chambolle-musigny
Couscous de bœuf	■ côtes-du-roussillon, collioure, faugères, saint-chinian, languedoc Pic-Saint-Loup
Daube de bœuf	■ blaye-côtes-de-bordeaux, côtes-de-bourg, patrimonio, lirac, gevrey-chambertin
Daube de joue de bœuf	■ listrac-médoc, cadillac-côtes-de-bordeaux, luberon, gigondas, vinsobres
Daube provençale	■ côtes-de-provence, coteaux-varois-en-provence, bandol, ajaccio, lirac, côtes-du-rhône-villages
Empanadas au bœuf	■ languedoc, costières-de-nîmes, côtes-du-rhône-villages ■ fitou, cabardès, languedoc
Entrecôte à la bordelaise	■ saint-émilion, sainte-foy-bordeaux, castillon-côtes-de-bordeaux, blaye-côtes-de-bordeaux, canon-fronsac
Entrecôte grillée	■ graves, lalande-de-pomerol, fronsac, médoc, saint-émilion, chinon, saint-sardos, madiran
Entrecôte sauce béarnaise	■ bordeaux, bordeaux supérieur, côtes-de-bourg, sainte-foy-bordeaux, chorey-lès-beaune
Estouffade de bœuf	■ saint-chinian, bandol, beaumes-de-venise, gigondas, vacqueyras
Faux-filet grillé	■ canon-fronsac, francs-côtes-de-bordeaux, saint-émilion, saint-georges-saint-émilion, saint-sardos, tursan
Filet de bœuf aux champignons	■ pommard, volnay, corton, ladoix, saint-émilion, pauillac, saint-estèphe
Filet de bœuf en croûte	■ romanée, vosne-romanée, gevrey-chambertin, pomerol, saint-émilion grand cru, pessac-léognan, margaux, saint-julien, cornas, hermitage, côte-rôtie
Filet de bœuf sauce Périgueux	■ hermitage, côte-rôtie, pauillac, saint-estèphe, chambertin, grande-rue
Fondue bourguignonne	■ bourgogne, bourgogne-grand-ordinaire, touraine (gamay), côtes-du-forez, beaujolais, saint-amour

VIANDES ROUGES

plats	vins
Gardiane de taureau	■ bandol, côtes-de-provence, palette, costières-de-nîmes, vacqueyras, lirac, côtes-du-rhône-villages
Hamburger	■ bordeaux, bordeaux supérieur, côtes-de-bourg, bergerac, côtes-du-rhône, juliénas
Keftas sauce noix et piment	■ fitou, côtes-du-roussillon ■ tavel
Onglet grillé	■ chinon, saint-nicolas-de-bourgueil, saumur-champigny, fleurie, castillon-côtes-de-bordeaux
Pavé de bœuf sauce roquefort	■ bordeaux supérieur, cahors, béarn, madiran, tursan
Pot-au-feu	■ beaujolais-villages, brouilly, saint-nicolas-de-bourgueil, anjou-villages, côte-de-nuits-villages
Queue de bœuf mijotée	■ anjou-gamay, touraine (gamay), coteaux-du-lyonnais, saint-amour, régnié, côte-roannaise, côtes-d'auvergne
Rosbif au four	■ graves, pessac-léognan, margaux, pomerol, chorey-lès-beaune, monthélie, savigny-lès-beaune, morgon, moulin-à-vent
Rosbif froid	■ chiroubles, juliénas, anjou-gamay, coteaux-du-vendômois, montravel, bergerac

plats	vins
Rôti de bœuf aux cèpes	■ pauillac, margaux, saint-estèphe, pomerol, puisseguin-saint-émilion, châteauneuf-du-pape, madiran, cahors
Steak œuf à cheval	■ beaujolais-villages, bourgogne rouge jeune, côte-de-beaune-village, côtes-du-rhône, haut-médoc, morey-saint-denis saint-nicolas-de-bourgueil, vosne-romanée
Steak au poivre	■ crozes-hermitage, vinsobres, costières-de-nîmes, haut-médoc, anjou-villages-brissac
Steak frites	■ bordeaux, bordeaux supérieur, blaye, côtes-du-rhône-villages, fronton, buzet, beaujolais-villages
Tajine de bœuf	■ faugères, fitou, côtes-du-rhône-villages, collioure, côtes-du-roussillon-villages
Tartare de bœuf	■ côtes-de-bourg, fronton, côtes-du-marmandais, malepère, beaujolais, coteaux-du-lyonnais, côte-roannaise, côtes-du-vivarais, côtes-du-rhône
Tournedos Rossini	■ anjou-villages-brissac, fitou, pomerol, saint-émilion grand cru, haut-médoc

VOLAILLES ET LAPIN

Simple poulet rôti ou noble chapon servi avec des morilles, lapin à la moutarde ou en civet, canard à l'orange ou magrets grillés, volailles, lapin et canard offrent une très vaste palette de préparations, et donc d'accords gourmands avec les vins. Rouges tendres et fruités avec le dominical poulet frites, rouges méridionaux avec un lapin aux pruneaux, rouges de caractère du Sud-Ouest avec un confit ou un cassoulet, blancs riches et élégants avec une poularde à la crème, blancs moelleux avec un canard laqué… tous les styles et toutes les couleurs sont ici représentés.

VOLAILLES ET LAPIN

plats	vins
VOLAILLES	
Ailerons de poulet caramélisés	■ côtes-de-bergerac moelleux, rosette, saussignac, pacherenc-du-vic-bilh moelleux, sainte-croix-du-mont
Ailes de dinde épicées	■ morgon, moulin-à-vent, régnié, crozes-hermitage, saint-joseph
Chapon aux morilles	■ corton-charlemagne, montrachet, bâtard-montrachet, château-grillet, limoux, hermitage, arbois (vin jaune)
Chapon aux truffes noires	■ richebourg, romanée-saint-vivant, romanée-conti, la tâche, vosne-romanée, côte-rôtie, hermitage
Chapon rôti	■ chablis grand cru, meursault, sauternes, barsac ■ pomerol, pommard, volnay, chambolle-musigny
Coq au riesling	● crémant-d'alsace, champagne blanc de blancs ■ alsace riesling, montlouis-sur-loire demi-sec, vouvray demi-sec, jasnières, côtes-du-jura
Coq au vin	■ irancy, marsannay, savigny-lès-beaune, gevrey-chambertin, volnay, alsace pinot noir, hermitage, bandol, cahors, faugères
Coquelet à la diable	■ tavel, vin-de-corse, bandol ■ bourgogne-hautes-côtes-de-beaune, reuilly, saint-pourçain, morgon
Dinde aux litchis	■ alsace gewurztraminer, condrieu, montagny
Dinde farcie aux marrons	■ aloxe-corton, chorey-lès-beaune, volnay, monthélie, vosne-romanée, marsannay, pomerol, listrac-médoc, côte-rôtie
Dinde rôtie	■ savigny-lès-beaune, santenay, gevrey-chambertin, nuits-saint-georges, pommard, moulis-en-médoc, lalande-de-pomerol, châteauneuf-du-pape
Pintade au chou	■ morey-saint-denis, maranges, saint-pourçain, moulin-à-vent, arbois, bugey, alsace pinot noir, chinon
Pintade aux cèpes	■ chassagne-montrachet, chablis grand cru, montlouis-sur-loire, savennières, jasnières ■ saint-émilion, montagne-saint-émilion, castillon-côtes-de-bordeaux, bergerac, côtes-de-duras, anjou, chinon, sancerre
Pintade rôtie	■ montagne-saint-émilion, sainte-foy-bordeaux, côtes-du-brulhois, saint-sardos, bourgogne-hautes-côtes-de-beaune
Poularde de Bresse à la crème	■ montrachet, meursault, montagny, chablis grand cru, pessac-léognan, limoux, châteauneuf-du-pape, cérons, bonnezeaux, quarts-de-chaume
Poularde truffée	■ corton-charlemagne, montrachet, meursault, hermitage ■ pomerol, volnay, musigny, vougeot
Poulet au chocolat	■ irouléguy, côtes-de-duras, côtes-du-marmandais, côtes-du-roussillon-villages, collioure, gigondas, bandol, faugères
Poulet au curry	■ alsace gewurztraminer, coteaux-de-l'aubance, vouvray, saumur, saint-romain
Poulet au vin jaune	■ arbois (vin jaune), château-chalon, côtes-du-jura (vin jaune), l'étoile (vin jaune), châteauneuf-du-pape, limoux
Poulet à l'estragon	■ patrimonio, costières-de-nîmes, mâcon, touraine (sauvignon) ■ anjou-gamay, touraine (gamay), beaujolais
Poulet aux écrevisses	■ château-grillet, condrieu, rully, côte-de-beaune, chassagne-montrachet
Poulet basquaise	■ irouléguy, béarn, saint-mont, côtes-de-duras, cabardès, limoux, côtes-du-marmandais ■ bordeaux clairet

VOLAILLES ET LAPIN

plats	vins
Poulet rôti	■ sauternes, barsac ■ bordeaux, mâcon, alsace pinot noir, anjou-villages, beaujolais-villages, bourgogne, givry
Poulet tandoori	■ alsace gewurztraminer, montlouis moelleux, rosette ■ cabernet-d'anjou, rosé-de-loire, vin-de-corse
Quenelles de volaille	■ givry, montagny, saint-aubin, pernand-vergelesses, pouilly-sur-loire
Rôti de dindonneau	■ côtes-du-rhône-villages, pacherenc-du-vic-bilh, jurançon sec, vouvray demi-sec
Tajine de poulet aux citrons confits	■ châteauneuf-du-pape, limoux, château-grillet, vin-de-corse, patrimonio, pouilly-fuissé
CANARD	
Aiguillettes de canard aux girolles	■ crozes-hermitage, côte-rôtie, listrac-médoc, haut-médoc, buzet, fronton
Aiguillettes de canard aux mirabelles	■ alsace gewurztraminer, alsace pinot gris ■ maranges, monthélie, volnay
Aiguillettes de canard grillées	■ médoc, moulis-en-médoc, malepère, vinsobres, madiran
Canard à l'orange	■ alsace gewurztraminer, monbazillac, rosette, côtes-de-bergerac, coteaux-du-layon ■ corton, chambolle-musigny, volnay, saint-joseph, côtes-du-rhône-villages
Canard au curry rouge	■ tavel, bandol, patrimonio, gigondas, faugères
Canard au poivre vert	■ santenay, blagny, bandol, cornas, châteauneuf-du-pape, gigondas, vacqueyras, graves, haut-médoc, cahors
Canard aux cerises	■ monthélie, mercurey, médoc, vosne-romanée, bourgogne-hautes-côtes-de-nuits, blaye, banyuls

plats	vins
Canard aux olives	■ côtes-de-bergerac, madiran, lirac, irancy, saint-émilion grand cru
Canard aux pêches	■ coteaux-de-l'aubance, quarts-de-chaume, vouvray moelleux, barsac, sauternes
Canard aux pruneaux	■ fronsac, francs-côtes-de-bordeaux, lussac-saint-émilion, buzet, cahors
Canard laqué	■ alsace gewurztraminer vendanges tardives, cadillac, loupiac, alsace pinot gris, rivesaltes (ambré) ■ minervois, faugères, saint-chinian, banyuls grand cru, rivesaltes (tuilé)
Canard rôti	■ bonnes-mares, marsannay, volnay, saint-émilion, saint-georges-saint-émilion, puisseguin-saint-émilion, madiran, saint-joseph
Confit de canard	■ madiran, marcillac, cahors, corbières, cabardès, pécharmant, canon-fronsac, puisseguin-saint-émilion, saint-émilion
Cuisse de canard confite	■ gaillac, marcillac, madiran, cahors, corbières, malepère, cabardès, limoux rouge
Magrets de canard au miel	■ côtes-de-montravel, haut-montravel, saussignac, côtes-de-duras moelleux ■ côtes-de-bourg, sainte-foy-bordeaux, minervois, saint-mont
Magrets de canard aux cèpes	■ haut-médoc, margaux, saint-julien, saint-estèphe, béarn, pécharmant, madiran, montravel
Magrets de canard aux figues	■ châteauneuf-du-pape, costières-de-nîmes, collioure, languedoc, saint-joseph, saint-émilion grand cru, montagne-saint-émilion, moulis-en-médoc
Magrets de canard grillés	■ castillon-côtes-de-bordeaux, lussac-saint-émilion, madiran, tursan, irouléguy, chambertin

VOLAILLES ET LAPIN

plats	vins
LAPIN	
Civet de lapin fermier	■ alsace pinot noir, irancy, bourgogne, juliénas, morgon
Lapin à la bière	■ côte-de-beaune, beaujolais, saint-aubin ■ sancerre, saumur-champigny, brouilly, auxey-duresses
Lapin à la crème	■ auxey-duresses, beaune, côte-de-beaune-villages, sancerre, saumur-champigny
Lapin au thym	■ collioure, côtes-du-roussillon-villages, côtes-de-provence, buzet, beaune, côtes-de-bourg
Lapin au vin et aux noix	■ côtes-du-jura savagnin ■ bourgueil, beaumes-de-venise

plats	vins
Lapin aux épices douces	■ pécharmant, buzet, béarn, irouléguy ■ bellet, côtes-de-provence, tavel
Lapin aux olives	■ ventoux, crozes-hermitage, baux-de-provence, gaillac, minervois-la-livinière, castillon-côtes-de-bordeaux
Lapin chasseur	■ coteaux-champenois, alsace pinot noir, chinon, sancerre, savigny-lès-beaune, chorey-lès-beaune
Râbles de lapin grillé	■ pacherenc-du-vic-bilh moelleux, saint-aubin ■ brouilly, bourgueil, saint-nicolas de bourgueil

GIBIER

À plume ou à poil, les gibiers sont synonymes de repas d'automne et de fêtes de fin d'année. Ils sont aussi synonymes de mets de caractère, goûteux et puissants (chevreuil, biche, sanglier), mais aussi de textures délicates et fines (perdreaux, cailles, lièvre…).

C'est l'occasion de sortir ses grands rouges de garde : structurés, charpentés, corpulents pour les plats aux goûts les plus prononcés, élégants et soyeux pour les chairs les plus fines.

Les vins blancs, secs ou moelleux, pourront aussi trouver leur place à table, aux côtés de préparations à base de crème, de foie gras ou d'associations sucrées-salées. Mais l'heure est avant tout aux vins rouges…

GIBIER

plats	vins
Bécasse rôtie	■ bonnes-mares, francs-côtes-de-bordeaux, margaux, saint-julien, médoc
Cailles à la tapenade	■ nuits-saint-georges, pommard, languedoc, faugères, saint-chinian, cabardès
Cailles aux raisins et à la crème	■ vouvray demi-sec, quincy, reuilly, pouilly-fuissé ■ rully, vin-de-savoie, beaujolais, arbois (poulsard), fiefs-vendéens
Cailles rôties	■ pommard, monthélie, haut-médoc, bergerac, bourgueil, minervois
Canard sauvage au sang	■ chambertin, clos-de-la-roche, clos-saint-denis, clos-de-tart, haut-médoc, médoc, cornas, hermitage
Chevreuil aux pommes	■ baux-de-provence, bandol, fronsac, gigondas, hermitage, aloxe-corton
Chevreuil sauce grand veneur	■ pommard, gevrey-chambertin, morey-saint-denis, romanée-conti, hermitage, côte-rôtie, bandol, margaux, saint-estèphe
Civet de biche aux airelles	■ gigondas, châteauneuf-du-pape, bandol, saint-chinian, corbières, cahors, coteaux-du-quercy, canon-fronsac, lussac-saint-émilion
Civet de lièvre	■ romanée-saint-vivant, grands-échézeaux, richebourg, corton, musigny, côte-rôtie, faugères, saint-émilion grand cru
Civet de sanglier	■ chambertin, hermitage, cahors, fitou, bandol, chinon, vin-de-corse
Cuissot de chevreuil aux cèpes	■ madiran, pécharmant, côtes-du-marmandais, montagne-saint-émilion, saint-émilion grand cru, fronsac, vosne-romanée, pommard, nuits-saint-georges
Daube de chevreuil	■ saint-chinian, châteauneuf-du-pape, savigny-lès-beaune, latricières-chambertin, gevrey-chambertin
Daube de sanglier	■ moulis-en-médoc, listrac-médoc, lalande-de-pomerol, pauillac, clos-saint-denis, clos-des-lambrays, clos-de-vougeot, mazis-chambertin
Faisan Souvaroff (truffes et foie gras)	■ sauternes, barsac ■ margaux, saint-julien, gevrey-chambertin, vosne-romanée, chambolle-musigny, côte-rôtie
Faisan aux raisins	■ saint-émilion, morey-saint-denis, côte-de-nuits, palette, crozes-hermitage, moulin-à-vent, morgon
Faisan en chartreuse (choux et poitrine fumée)	■ alsace pinot gris ■ alsace pinot noir, brouilly, beaune, monthélie
Faisan rôti	■ nuits-saint-georges, vosne-romanée, saint-estèphe, côte-rôtie, crozes-hermitage
Filets de levraut	■ clos-saint-denis, romanée-saint-vivant, saint-julien, margaux, haut-médoc
Gigue de chevreuil	■ santenay, fitou, côtes-du-roussillon-villages, minervois-la-livinière, saint-georges-saint-émilion, cornas, châteauneuf-du-pape, bandol
Grives aux raisins	■ griotte-chambertin, chapelle-chambertin, musigny, nuits-saint-georges, saint-estèphe
Lièvre à la broche	■ pessac-léognan, moulis-en-médoc, bandol, languedoc Pic-Saint-Loup, saint-chinian, madiran, patrimonio, gevrey-chambertin
Lièvre à la royale	■ richebourg, pécharmant, puisseguin-saint-émilion, pomerol, saint-joseph, cornas, hermitage
Marcassin aux cerises noires	■ pauillac, saint-estèphe, musigny, corton, échézeaux, grands-échézeaux

GIBIER

plats	vins
Marcassin sauce grand veneur	■ chambolle-musigny, clos-de-vougeot, bonnes-mares, lussac-saint-émilion, lalande-de-pomerol, côte-rôtie
Palombe rôtie	■ chambertin, corton, margaux, saint-julien, pauillac, haut-médoc
Pastilla de pigeon	■ alsace muscat vendanges tardives ■ tavel, collioure, faugères ■ vacqueyras, gigondas, lirac, bandol
Pigeonneaux rôtis	■ richebourg, romanée-saint-vivant, fronsac, margaux, saint-julien
Pavé de biche grillé	■ pessac-léognan, médoc, beaune, aloxe-corton, pommard, saint-joseph
Perdreaux aux citrons confits	■ châteauneuf-du-pape, hermitage, château-grillet,pessac-léognan ■ francs-côtes-de-bordeaux, crozes-hermitage, côte-rôtie, bandol, côtes-du-roussillon-villages
Perdrix à la broche	■ saint-chinian, cabardès, malepère, vosne-romanée, maranges, moulis-en-médoc
Pigeon aux épices douces	■ savigny-lès-beaune, chambertin, chambolle-musigny, côte-rôtie, hermitage, cornas

plats	vins
Pigeon aux petits pois	■ beaujolais, graves, côte-de-beaune, saint-aubin, mâcon-villages ■ pernand-vergelesses, saint-estèphe, santenay, anjou-villages-brissac
Pigeonneaux rôtis	■ richebourg, romanée-saint-vivant, fronsac, margaux, saint-julien
Râble de lièvre rôti	■ gevrey-chambertin, chassagne-montrachet, chambertin, margaux, pomerol, patrimonio
Salmis de palombe	■ pomerol, montagne-saint-émilion, moulis-en-médoc, haut-médoc, saint-mont
Sanglier aux airelles	■ pauillac, saint-estèphe, châteauneuf-du-pape, minervois-la-livinière, corbières-boutenac, bandol, chambolle-musigny, nuits-saint-georges
Sauté de sanglier aux aubergines	■ madiran, cahors, côtes-du-marmandais, minervois, faugères, collioure, vin-de-corse, beaumes-de-venise, gigondas, canon-fronsac

PÂTES, RIZ, LÉGUMES ET CHAMPIGNONS

Pour les pâtes et le riz, l'accord se fera avant tout sur la sauce et la garniture : vins sudistes souples et soyeux avec les sauces tomate, rouges patinés avec les cèpes, blancs onctueux avec la truffe, blancs vifs et fruités avec les préparations à base de poisson ou fruits de mer.

Accords difficiles avec les légumes, qui peuvent exalter la vivacité des blancs et l'astringence des rouges. Mais le plus souvent, ils font office d'accompagnement, et les accords dépendent de l'ingrédient principal et de la sauce.

Quant aux champignons, rouges et blancs peuvent convenir, dès lors que les vins révèlent des arômes d'humus, de sous-bois ou de... champignon. On optera donc pour des vins plutôt âgés.

PÂTES, RIZ, LÉGUMES ET CHAMPIGNONS

plats	vins
PÂTES ET RIZ	
Cannellonis et lasagnes	■ côtes-du-rhône-villages, côtes-de-provence, luberon, lirac, côtes-du-roussillon, graves, saint-émilion
Gnocchis à la bolognaise	■ buzet, corbières, côtes-du-rhône, languedoc, beaujolais, bordeaux
Lasagnes à la bolognaise	■ castillon-côtes-de-bordeaux, coteaux-du-quercy, luberon, lirac, vacqueyras
Lasagnes au saumon	■ alsace riesling, rully, côte-de-beaune, vin-de-savoie Chignin-Bergeron, touraine (sauvignon)
Paëlla aux fruits de mer	■ ajaccio, cassis, bellet, saint-chinian, languedoc, bordeaux
Paëlla mixte	■ bergerac rosé, corbières, fronton, vin-de-corse ■ côtes-du-roussillon, faugères, costières-de-nîmes
Ravioles au fromage	■ arbois, châtillon-en-diois, bugey, seyssel, vin-de-savoie Apremont, bourgogne-aligoté, coteaux-du-lyonnais
Raviolis à la bolognaise	■ coteaux-varois-en-provence, côtes-de-provence, gigondas, vacqueyras, lirac, patrimonio
Risotto à la tomate	■ languedoc Picpoul-de-Pinet, côtes-du-roussillon, faugères, patrimonio ■ lirac, costières-de-nîmes, ventoux, tavel ■ beaujolais, anjou-gamay, côtes-du-rhône
Risotto aux cèpes	■ pomerol, saint-émilion grand cru, saint-georges-saint-émilion, margaux, châteauneuf-du-pape, madiran
Risotto aux fruits de mer	■ entre-deux-mers, sainte-foy-bordeaux, vin-de-corse, languedoc, limoux, côtes-du-rhône, muscadet-sèvre-et-maine
Risotto aux légumes	■ chassagne-montrachet, saint-aubin, condrieu, crozes-hermitage, bellet ■ saint-amour, bourgogne, santenay
Risotto aux noix de Saint-Jacques	■ patrimonio, corbières, faugères, châteauneuf-du-pape, condrieu, côtes-du-rhône-villages
Risotto de petit épautre	■ luberon, ventoux, bourgogne
Riz cantonnais	■ alsace riesling, alsace pinot gris, bourgogne-côte-chalonnaise, saint-véran, cassis, crozes-hermitage
Riz sauté au poulet et à la coriandre	■ alsace muscat, alsace pinot gris, condrieu ■ lirac, tavel, bellet, côtes-de-provence
Spaghettis à l'encre de seiche	■ coteaux-varois-en-provence, patrimonio, graves ■ bandol, ajaccio, côtes-de-provence
Spaghettis aux fruits de mer	■ entre-deux-mers, graves, muscadet, ajaccio, cassis
Spaghettis bolognaise	■ anjou, côte-de-brouilly, bergerac, saint-nicolas-de-bourgueil, coteaux-du-quercy, côtes-du-rhône, languedoc
Spaghettis carbonara	■ mâcon, saint-véran, côtes-de-blaye, pierrevert, côtes-de-provence ■ bordeaux clairet, bergerac rosé, malepère,
Tagliatelles au saumon	■ savennières, beaune, pouilly-fuissé, pouilly-vinzelles, quincy
Tagliatelles aux champignons des bois	■ pomerol, saint-émilion grand cru, francs-côtes-de-bordeaux, pommard, volnay
Taglionis au pesto de basilic	■ saint-joseph, ajaccio, coteaux-varois-en-provence
LÉGUMES	
Aubergines farcies	■ bandol, baux-de-provence, tavel ■ ajaccio, côtes-de-provence, grignan-les-adhémar
Cardons à la moelle	■ alsace pinot ou klevner, bourgogne, saint-véran ■ alsace pinot noir, bourgogne-passetoutgrain, beaujolais

PÂTES, RIZ, LÉGUMES ET CHAMPIGNONS

plats	vins
Carottes au cumin	■ minervois, malepère, côtes-du-rhône, côtes-du-vivarais, tavel
Chou farci	■ bergerac rosé, béarn, bordeaux rosé ■ beaujolais-villages, touraine (gamay), côtes-de-millau, alsace pinot noir
Courgettes farcies au reblochon	■ vin-de-savoie-apremont, roussette-de-savoie, côtes-du-forez
Curry de légumes	■ alsace riesling, luberon, condrieu ■ côtes-du-rhône, ventoux ■ côtes-du-vivarais, ventoux, grignan-les-adhémar
Endives au jambon	■ bourgogne, mâcon, pouilly-loché ■ chiroubles, mâcon, côtes-du-rhône-villages, côtes-d'auvergne, chinon
Gratin dauphinois	■ côtes-du-jura, vin-de-savoie, roussette-de-savoie ■ régnié, beaujolais-villages, côtes-de-bourg, vin-de-savoie (mondeuse)
Gratin de courgettes	■ bergerac, bordeaux, petit-chablis, vin-de-corse, languedoc Picpoul-de-Pinet
Grillés de mogettes	■ anjou ■ touraine, chiroubles
Hachis parmentier	■ bergerac, graves, bourgueil
Lentilles à la tomate	■ juliénas, chénas, arbois (poulsard), languedoc Pic-Saint-Loup, côtes-du-marmandais
Purée à la moutarde à l'ancienne	■ bourgogne-passetoutgrain, beaujolais-villages, orléans, touraine (gamay)
Ratatouille niçoise	■ coteaux-d'aix-en-provence, bandol, côtes-du-vivarais, vin-de-corse ■ coteaux-d'aix-en-provence, côtes-de-provence, cabardès, malepère,

plats	vins
Soufflé à l'ail rose	■ gaillac, côtes-du-jura ■ gaillac
Tian de légumes	■ bordeaux clairet, gaillac, côtes-de-provence, coteaux-varois-en-provence
CHAMPIGNONS	
Champignons à la grecque	■ bourgogne-aligoté, sancerre, touraine (sauvignon), saint-bris ■ alsace pinot noir, bordeaux rosé, beaujolais, sancerre
Cèpes ail et persil	■ pomerol, saint-émilion, saint-georges-saint-émilion, saint-estèphe, pauillac, madiran, irouléguy, buzet, châteauneuf-du-pape, bandol
Fricassée de champignons	■ côte-de-beaune, côte-de-nuits-villages, fixin, corbières, canon-fronsac, moulis-en-médoc
Girolles ail et persil	■ roussette-de-savoie, entre-deux-mers, chablis, vin-de-corse ■ anjou-villages, touraine, beaujolais-villages, languedoc, irancy
Girolles à la crème	■ graves, marsannay, côte-de-beaune, saint-aubin, alsace pinot blanc
Morilles à la crème	● champagne millésimé un peu évolué ■ château-chalon, l'étoile (vin jaune), arbois (vin jaune), gaillac (vin de voile), meursault, limoux, châteauneuf-du-pape,
Pleurotes à la crème	■ minervois, côtes-du-rhône, saint-joseph, alsace pinot blanc, graves
Truffes blanches	■ pessac-léognan, meursault, châteauneuf-du-pape, hermitage
Truffes noires	■ pomerol, saint-émilion grand cru, margaux, madiran, hermitage, côte-rôtie, vosne-romanée, pommard

ÉPICES, AROMATES ET SAUCES

Selon le type d'épices ou d'aromates, les accords varieront. En règle générale, les épices demandent des rouges et rosés méridionaux qui offrent une richesse aromatique et une puissance propres à leur tenir tête. Cependant, pour des associations sur l'opposition plutôt que sur l'harmonie, de nombreux vins blancs vifs et minéraux à base de cépages aromatiques (gewurztraminer, viognier, sauvignon...) s'opposent à merveille aux assauts relevés des épices, notamment du curry.
Les accords sont également très divers selon le type de sauce qui accompagne le plat : bolognaise et rouges méridionaux, sauce moutarde et vins blancs sur la fraîcheur, ou encore sauce madère et vins rouges tout en souplesse.

ÉPICES, AROMATES ET SAUCES

plats	vins
ÉPICES ET AROMATES	
Basilic, menthe, estragon	■ côtes-de-provence, languedoc, bellet, minervois, costières-de-nîmes, côtes-du-roussillon, ajaccio
Colombo	■ jurançon, condrieu, côtes-du-jura, vouvray, alsace gewurztraminer, alsace riesling, alsace pinot gris ■ tavel, lirac, languedoc, corbières, minervois
Curry	■ alsace gewurztraminer, languedoc, pouilly-fumé, saumur, savennières, montlouis-sur-loire, saint-bris, petit-chablis
Curry rouge	■ tavel, lirac, bandol, gigondas, bellet, palette, corbières, patrimonio, bordeaux clairet
Gingembre	■ condrieu, saint-joseph, alsace muscat, alsace gewurztraminer, savennières
Massala	■ côtes-du-rhône-villages, luberon, côtes-du-roussillon, saint-chinian, languedoc, haut-médoc, madiran
Piment d'Espelette	■ irouléguy, madiran, béarn, tursan, cornas
Poivre	■ limoux, châteauneuf-du-pape ■ tavel, lirac, côtes-du-rhône-villages, patrimonio ■ cornas, côte-rôtie, hermitage, cahors, saint-estèphe, bandol
Ras-el-hanout	■ coteaux-varois-en-provence, fitou, corbières, côtes-du-rhône-villages, vacqueyras, gigondas, lirac
Thym, laurier	■ limoux, châteauneuf-du-pape, languedoc, faugères, bellet, palette ■ gigondas, châteauneuf-du-pape, costières-de-nîmes, rasteau, bandol, baux-de-provence, corbières, faugères, saint-chinian

plats	vins
SAUCES	
Aïoli	■ crozes-hermitage, saint-joseph, patrimonio, corbières, côtes-du-roussillon, châteauneuf-du-pape, bellet, palette, côtes-de-provence
Aigre-douce	■ alsace pinot gris, alsace gewurztraminer ■ saint-chinian, côtes-du-roussillon, costières-de-nîmes, lirac, gigondas, vacqueyras
Barbecue	■ gigondas, vacqueyras, luberon, côtes-du-roussillon-villages, collioure
Béarnaise	■ reuilly, quincy, pouilly-fumé, touraine (sauvignon), jasnières, saint-véran, saint-bris, alsace sylvaner, languedoc
Béchamel	■ mâcon, muscadet, alsace pinot blanc, pouilly-fuissé, entre-deux-mers
Bolognaise	■ anjou, côte-de-brouilly, bergerac, saint-nicolas-de-bourgueil, coteaux-du-quercy, côtes-du-rhône, languedoc
Bordelaise	■ crozes-Hermitage, gevrey-chambertin, saint-émilion, saint-joseph, vacqueyras
Chasseur	■ collioure, luberon, crozes-hermitage, limoux, saumur-champigny, savigny-lès-beaune, chorey-lès-beaune
Diable	■ tavel, menetou-salon, sancerre ■ fleurie, moulin-à-vent, coteaux-du-lyonnais, côtes-de-provence
Fond de veau	■ morgon, languedoc Pic-Saint-Loup, côtes-de-provence, lirac, ajaccio
Fond de volaille	■ pessac-léognan, pomerol, santenay, savigny-lès-beaune, cornas

ÉPICES, AROMATES ET SAUCES

plats	vins
Fumet de poisson	■ meursault, saint-aubin, hermitage, alsace riesling, pessac-léognan, graves
Madère	■ saint-émilion, lalande-de-pomerol, castillon-côtes-de-bordeaux, côtes-de-bourg, collioure, morgon
Mayonnaise	■ muscadet-sèvre-et-maine, touraine (sauvignon), quincy, gros-plant-du-pays-nantais, languedoc Picpoul-de-Pinet
Mornay	■ graves, minervois, alsace pinot blanc, bellet, saint-joseph, côtes-du-rhône
Moutarde	■ reuilly, quincy, sancerre, pouilly-sur-loire, vouvray sec, muscadet, petit-chablis, bourgogne-aligoté
Pesto	■ alsace-sylvaner, bordeaux blanc, cour-cheverny, menetou-salon, quincy
Ravigote et gribiche	■ alsace pinot blanc, quincy, entre-deux-mers, bourgogne ■ bourgueil, coteaux-champenois, alsace pinot noir, beaujolais-villages, côtes-du-rhône
Rouille	■ crozes-hermitage, châteauneuf-du-pape, cassis, bellet, palette ■ tavel, lirac, bandol, coteaux-varois-en-provence, patrimonio, collioure
Tartare	■ bourgogne-aligoté, menetou-salon, gros-plant-du-pays-nantais, languedoc Picpoul-de-Pinet
Tomate	■ tavel, lirac, bandol, côtes-de-provence, minervois ■ languedoc, côtes-de-provence, vinsobres, côtes-du-rhône-villages, saint-chinian, médoc

FROMAGES

La France compte plus de 300 fromages ; autant dire que les accords fromages et vins sont multiples et variés. La principale difficulté réside dans le fait que le traditionnel plateau de fromage accueille généralement plusieurs variétés qui appellent souvent des vins différents : rouges souples et fruités avec un camembert, blancs moelleux avec un maroilles, blancs vifs et fruités avec un chèvre, vins doux naturels avec un roquefort… Une solution ? Garder les éventuels blancs et rouges servis sur les plats précédents, ou composer son plateau avec des fromages d'une même famille appelant des vins de style proche.

FROMAGES

plats	vins
Abondance	■ bugey, roussette-de-savoie, seyssel, vin-de-savoie (Abymes/Apremont), alsace gutedel, pouilly-fumé ■ vin-de-savoie (gamay), touraine (gamay), beaujolais, chinon, anjou, saint-nicolas-de-bourgueil
Ami du chambertin	■ blagny, bonnes-mares, chambertin, griotte-chambertin et autres grands crus de Chambertin
Banon	■ crozes-hermitage, saint-joseph, châteauneuf-du-pape ■ côtes-de-provence, coteaux-d'aix-en-provence ■ côtes-de-provence, ajaccio, les-baux-de-provence
Beaufort affiné	■ meursault, saint-aubin, rousette-de-savoie, vin-de-savoie (Abymes/Apremont), château-chalon, hermitage, corton-charlemagne, puligny-montrachet ■ vosne-romanée, vin-de-savoie (mondeuse), touraine, mâcon rouge, anjou-gamay, côtes-du-forez
Bleu d'Auvergne	■ monbazillac, loupiac, jurançon, pineau-des-charentes, pacherenc-du-vic-bihl moelleux ■ maury, banyuls, rivesaltes, cahors, madiran, côtes-du-roussillon-villages
Bleu de Gex	■ arbois, côtes-du-jura issu de poulsard, alsace pinot noir, bourgogne rouge, sancerre rouge, beaujolais rouge
Bleu des Causses	■ cornas, madiran, banyuls, maury, rivesaltes tuilé, rasteau, porto
Bleu du Vercors-Sassenage	■ ventoux, côtes-du-rhône, luberon, côtes-du-vivarais
Brie de Meaux	■ auxey-duresses, volnay, pommard, beaune, monthélie, saint-romain, saint-aubin, coteaux champenois rouge ■ savennières

plats	vins
Brie de Melun	■ alsace pinot noir, gevrey-chambertin, sancerre
Brillat-Savarin	■ échézeaux, chambolle-musigny, saint-romain, beaune, bourgogne-hautes-côtes-de-beaune
Brocciu frais	■ muscat du cap corse, muscat-de-beaumes-de-venise, muscat-de-rivesaltes, muscat-de-frontignan, muscat-de-lunel, muscat-de-mireval
Brocciu sec	■ ajaccio, vin-de-corse, patrimonio, fitou, bandol, coteaux-d'aix-en-provence
Camembert	■ anjou-gamay, bourgogne, moulin-à-vent, coteaux-d'ancenis, touraine (gamay) ■ savennières, vouvray, montlouis, coteaux-du-layon, coteaux-de-l'aubance, coteaux-de-saumur
Cantal entre-deux ou vieux	■ corbières, faugères, haut-médoc, listrac-médoc, pauillac
Cantal jeune	■ saumur, coteaux-du-quercy, entraygues-le-fel, touraine-mesland
Chabichou	■ haut-poitou, orléans, touraine (sauvignon) ■ haut-poitou, touraine (gamay), beaujolais
Chaource	● champagne brut ■ chablis, pouilly-fuissé, pouilly-vinzelles ■ gevrey-chambertin, aloxe-corton, irancy
Charolais	■ saint-bris, montagny, saint-véran, coteaux-du-giennois, petit-chablis ■ saint-amour, régnié, anjou-villages
Cîteaux	■ bourgogne-côte-chalonnaise, givry, mercurey ■ maranges, saint-romain, clos-de-vougeot, échézeaux

FROMAGES

plats	vins
Comté	■ mercurey, ladoix, bouzeron, pernand-vergelesses, château-chalon, l'étoile (vin jaune) ■ pomerol, saint-émilion grand cru, castillon-côtes-de-bordeaux
Coulommiers	■ saumur, bourgogne, beaujolais-villages, touraine (gamay), coteaux-du-giennois
Crottin de Chavignol	■ chinon, touraine, valençay, quincy, sancerre
Époisses	■ auxey-duresses, chassagne-montrachet, meursault ■ chambertin, morey-saint-denis, chorey-lès-beaune
Fondue savoyarde	■ roussette-de-savoie, seyssel, vin-de-savoie, bugey, l'étoile, côtes-du-jura
Fourme d'Ambert	■ rasteau, banyuls, maury, côte-roannaise, côtes-d'auvergne, côtes-du-forez
Laguiole	■ côtes-de-millau, marcillac, coteaux-du-quercy, fronton, bergerac ■ gaillac sec, limoux blanc tranquille, graves
Langres	■ puligny-montrachet, savigny-lès-beaune, santenay, saint-aubin, meursault ■ bonnes-mares, gevrey-chambertin, nuits-saint-georges
Livarot	■ coteaux-de-saumur, coteaux-du-layon, auxey-duresses, saint-aubin ■ morey-saint-denis, pommard, côte-rôtie, cornas
Mâconnais	■ mâcon-villages, pouilly-fuissé, pouilly-vinzelles, pouilly-loché, viré-clessé ■ mâcon, anjou-gamay, sancerre, beaujolais
Maroilles	■ alsace vendanges tardives (gewurztraminer), bonnezeaux, coteaux-du-layon, chaume, montlouis-sur-loire moelleux, vouvray moelleux ■ pomerol, lalande-de-pomerol, fronsac
Mimolette vieille	■ saint-émilion grand cru, médoc, cahors, vin-de-savoie (mondeuse), saint-nicolas-de-bourgueil
Mont-d'Or	■ côtes-du-jura, l'étoile, bugey ■ pernand-vergelesses, givry, morgon, moulin-à-vent, anjou-villages
Morbier	■ côtes-du-jura, l'étoile ■ chassagne-montrachet, santenay, savigny-lès-beaune, arbois (poulsard), côtes-du-jura
Munster	■ alsace gewurztraminer, alsace pinot gris, meursault, mâcon-villages ■ alsace pinot gris vendanges tardives
Neufchâtel	■ anjou, juliénas, côtes-du-rhône, coteaux-d'ancenis, touraine-amboise
Ossau-Iraty	■ irouléguy, jurançon sec, pacherenc-du-vic-bilh ■ irouléguy, saint-mont, tursan, béarn
Pélardon des Cévennes	■ languedoc, saint-chinian, estaing, costières-de-nîmes, côtes-du-vivarais
Pérail	■ côtes-de-provence, cassis, côtes-du-rhône, lirac, saint-joseph ■ coteaux-du-languedoc, minervois, saint-chinian, faugères, côtes-du-roussillon-villages
Picodon	■ côtes-du-rhône, châtillon-en-diois, pierrevert, luberon ■ côtes-de-millau, ventoux, côtes-du-forez
Pont-l'Évêque	■ bonnezeaux, coteaux-du-layon, quarts-de-chaume, chaume, cérons ■ fiefs-vendéens, régnié, saint-amour, touraine (gamay), gaillac
Reblochon	■ ladoix, beaune, roussette-de-savoie, vin-de-savoie ■ fiefs-vendéens, régnié, saint-amour, touraine (gamay), gaillac, pernand-vergelesses, côtes-du-forez

FROMAGES

plats	vins
Rocamadour	■ côtes-de-millau, entraygues-le-fel, estaing, jasnières, touraine-amboise
Roquefort	■ muscat-de-frontignan, muscat-du-cap-corse, saussignac, sauternes, barsac ■ alsace pinot noir, maury, banyuls, cahors
Saint-Marcellin	■ saint-véran, jurançon sec, pacherenc-du-vic-bilh ■ morgon, moulin-à-vent, anjou-villages, fronton
Saint-Nectaire	■ auxey-duresses, crozes-hermitage, côtes-d'auvergne, saint-pourçain, anjou-villages
Sainte-Maure-de-Touraine	■ chinon, touraine, valençay, cour-cheverny, touraine-mesland ■ bourgueil, touraine-noble-joué, touraine-azay-le-rideau, coteaux-du-vendômois, cheverny ■ cheverny, chinon, vin-de-savoie pinot noir
Salers	■ puligny-montrachet, meursault ■ faugères, coteaux-du-quercy, marcillac, gigondas
Selles-sur-Cher	■ touraine (sauvignon), sancerre, cour-cheverny, menetou-salon, pouilly-fumé, reuilly, quincy ■ saint-nicolas-de-bourgueil, touraine, saumur, saumur-champigny, anjou, anjou-villages, beaujolais

plats	vins
Soumaintrain	■ bourgogne-hautes-côtes-de-nuits, irancy, blagny, maranges, bonnes-mares
Stilton	■ sauternes, barsac, alsace vendanges tardives (pinot gris) ■ banyuls, maury, rivesaltes, pineau-des-charentes
Tartiflette	● vin-de-savoie Ayze ■ vin-de-savoie Chignin-Bergeron, seyssel, roussette-de-savoie, côtes-du-jura
Tome des Bauges	■ Sur un fromage jeune : bordeaux, premières-côtes-de-blaye, côtes-de-bourg, premières-côtes-de-bordeaux, graves-de-vayres, bergerac, côtes-de-bergerac, buzet Sur un fromage affiné : vin-de-savoie mondeuse, madiran, châteauneuf-du-pape, gigondas, patrimonio
Tomme de Savoie	■ vin-de-savoie (mondeuse), bugey, côtes-du-jura, pernand-vergelesses, saint-nicolas-de-bourgueil, gigondas
Valençay	■ valençay, chinon, touraine, cour-cheverny, touraine-mesland, pouilly-fumé ■ touraine-amboise, touraine-mesland

DESSERTS

Les desserts riment le plus souvent avec vins blancs moelleux ou liquoreux. Mais le plus important ici est de rechercher l'équilibre afin de ne pas saturer les papilles par trop de sucres, surtout en fin de repas. On cherchera donc des vins offrant une belle fraîcheur.
Autre type de vin incontournable : le vin doux naturel, qui offre un accord parfait avec les desserts au chocolat. Certains vins rouges secs pourront également convenir ici.

DESSERTS

plats	vins
Ananas rôti	■ côtes-de-montravel, haut-montravel, muscat-du-cap-corse, muscat-de-lunel, pacherenc-du-vic-bilh moelleux, jurançon
Baba au rhum	■ macvin-du-jura, floc-de-gascogne, pineau-des-charentes, banyuls, rivesaltes
Brownies au chocolat	■ côtes-du-jura (vin de paille), macvin-du-jura ■ rasteau, maury, banyuls, rivesaltes
Café ou chocolat liégeois	■ rasteau, maury, banyuls, rivesaltes, madiran
Cake au citron	● blanquette-de-limoux méthode ancestrale, clairette-de-die ■ côtes-de-bergerac, loupiac, premières-côtes-de-bordeaux, graves supérieures moelleux
Cake au gingembre	● champagne demi-sec, crémant-du-jura ■ alsace sélection de grains nobles, gaillac doux, jurançon moelleux
Carpaccio de fraises et d'ananas	■ muscat-de-beaumes-de-venise, muscat-de-rivesaltes ● champagne brut, bugey (Cerdon) ■ cabernet-d'anjou
Charlotte au chocolat	■ macvin-du-jura ● crémant-d'alsace ■ macvin-du-jura, pineau-des-charentes ■ rivesaltes, maury, banyuls
Charlotte aux fraises	● crémant-du-jura ■ muscat-de-mireval, muscat-de-frontignan, muscat-de-beaumes-de-venise ● crémant-de bourgogne ■ pineau-des-charentes
Cheesecake	● blanquette-de-limoux, gaillac méthode ancestrale, clairette-de-die, bugey, crémant-de-limoux
Crème brûlée	● champagne brut ■ monbazillac, gaillac doux, muscat-de-mireval, muscat-de-beaumes-de-venise, alsace vendanges tardives (riesling)
Crêpes au sucre	● crémant-de-loire, crémant-d'alsace, vouvray ■ floc-de-gascogne ■ floc-de-gascogne
Crêpes Suzette (flambées au Grand Marnier)	● crémant-de-die, crémant-de-limoux, montlouis-sur-loire ■ floc-de-gascogne, pineau-des-charentes
Crumble aux framboises	■ cabernet-d'anjou ■ anjou-gamay, saint-amour, touraine (gamay), côtes-du-forez
Crumble aux pêches et sauce chocolat	■ coteaux-de-l'aubance, monbazillac, clairette-du-languedoc, muscat-de-rivesaltes, sainte-croix-du-mont, rivesaltes
Crumble aux pommes	● saumur, crémant-de-loire, blanquette-de-limoux ■ coteaux-du-layon, bonnezeaux, coteaux-de-saumur
Far aux pruneaux	● champagne blanc de noirs ■ rivesaltes, banyuls, maury ● champagne brut
Figues pochées au miel	■ coteaux-du-layon, chaume, quarts-de-chaume, muscat-du-cap-corse ■ banyuls, maury, rivesaltes
Fondant au chocolat	■ rivesaltes tuilé, banyuls grand cru, rasteau, maury
Forêt noire	■ pineau-des-charentes ■ banyuls, maury, rivesaltes, rasteau
Galette des rois (frangipane)	● champagne demi-sec, clairette-de-die ■ vouvray demi-sec, vouvray moelleux, coteaux-du-layon
Gâteau aux noix	■ château-chalon, macvin-du-jura, muscat-de-frontignan, muscat-de-beaumes-de-venise, rivesaltes
Gâteau basque	■ haut-montravel, monbazillac, château-chalon, jurançon, pacherenc-du-vic-bilh

DESSERTS

plats	vins
Gaufres	● blanquette-de-limoux, crémant-de-limoux, crémant-de-die, gaillac méthode ancestrale, vin-de-savoie Ayze
Glace à la vanille	■ macvin-du-jura, floc-de-gascogne, rivesaltes, sainte-croix-du-mont, sauternes
Île flottante	■ saussignac, cérons, loupiac, rasteau, macvin-du-jura
Kouglof	● blanquette-de-limoux, crémant-d'alsace, clairette-de-die ■ alsace gewurztraminer, alsace muscat
Kouign aman	■ anjou-coteaux-de-la-loire, bonnezeaux, montlouis-sur-loire moelleux, rasteau ● champagne demi-sec
Millefeuille à la vanille	■ bonnezeaux, haut-montravel, côtes-de-bordeaux-saint-macaire, cadillac, sauternes
Moka au café	■ banyuls, maury, rivesaltes, rasteau
Omelette norvégienne	■ chaume, quarts-de-chaume, cadillac, rivesaltes, pineau-des-charentes
Opéra	■ rivesaltes tuilé, floc-de-gascogne
Panna cotta au zeste d'oranges et cacao	■ barsac, cérons, sauternes, sainte-croix-du-mont
Paris-Brest	● crémant-de-loire, montlouis-sur-loire ■ côtes-de-bergerac moelleux, cadillac, sainte-croix-du-mont, pacherenc-du-vic-bilh
Pithiviers	■ côtes-de-duras moelleux, côtes-de-montravel, haut-montravel, saussignac, coteaux-du-layon
Pommes au four	● crémant-de-limoux, blanquette-de-limoux méthode ancestrale, gaillac méthode ancestrale ■ clairette-du-languedoc, clairette-de-bellegarde

plats	vins
Profiteroles au chocolat	■ banyuls, maury, rivesaltes ■ floc-de-gascogne ■ banyuls, maury, rivesaltes
Quatre-quarts	● crémant-de-limoux, crémant-de-die, blanquette-de-limoux ■ floc-de-gascogne, pineau-des-charentes, montlouis-sur-loire moelleux, côtes-de-duras moelleux
Sabayon au citron	● champagne blanc de blancs, crémant-de-bordeaux ■ alsace vendanges tardives (riesling), vouvray moelleux
Saint-honoré	■ chaume, vouvray moelleux, coteaux-du-layon, côtes-de-montravel, côtes-de-duras moelleux
Salade d'agrumes	■ coteaux-de-saumur, coteaux-du-layon, muscat-de-lunel, muscat-de-mireval, muscat-de-rivesaltes, pacherenc-du-vic-bilh moelleux
Salade de fruits exotiques	■ alsace sélection grains nobles, muscat-du-cap-corse, muscat-de-frontignan, montlouis-sur-loire moelleux, côtes-du-jura (vin de paille)
Salade de fruits rouges	■ floc-de-gascogne, cabernet-de-saumur, rosé-de-loire ■ banyuls, maury, rivesaltes, bourgueil
Soufflé glacé aux fruits rouges	● champagne brut rosé, champagne rosé extra-dry ■ champagne sec
Strudel aux pommes	■ alsace vendanges tardives (gewurztraminer ou riesling), coteaux-de-l'aubance, gaillac doux, vouvray moelleux
Tarte à la rhubarbe	■ alsace vendanges tardives (gewurztraminer ou riesling), quarts-de-chaume, bonnezeaux, monbazillac, rosette
Tarte au citron	● saumur, crémant-de-loire, blanquette-de-limoux ■ gaillac doux, vouvray ou montlouis-sur-loire moelleux

DESSERTS

plats	vins	plats	vins
Tarte aux abricots	■ alsace vendanges tardives (muscat), anjou-coteaux-de-la-loire, pacherenc-du-vic-bilh moelleux, muscat-de-rivesaltes, loupiac	Tarte aux pommes à la normande	● champagne demi-sec, gaillac méthode ancestrale, clairette-de-die ■ anjou-coteaux-de-la-loire, coteaux-du-layon, bonnezeaux
Tarte aux fraises	● crémant-de-bordeaux, bugey (Cerdon) ■ cabernet-de-saumur, rosé-d'anjou ■ banyuls, maury, rivesaltes	Tarte Tatin	● crémant-de-loire, blanquette-de-limoux ■ bonnezeaux, chaume, quarts-de-chaume, coteaux-de-saumur, vouvray demi-sec
Tarte aux myrtilles	● crémant-de-loire, bugey (Cerdon) ■ rosé-des-riceys ■ banyuls, maury, rasteau		
Tarte aux noix	■ château-chalon, macvin-du-jura, rivesaltes	Tiramisu	● champagne brut, crémant-d'alsace, crémant-de-loire, bugey (Cerdon) ■ pineau-des-charentes, floc-de-gascogne
Tarte aux pêches	■ alsace vendanges tardives (pinot gris), anjou-coteaux-de-la-loire, chaume, muscat-du-cap-corse, muscat-de-saint-jean-de-minervois		

INDEX

INDEX DES PLATS

G

H

N

O

P

Q

R

S

T

V

INDEX DES VINS

Les folios en gras indiquent des accords mets & vins détaillés

C

E

N

O

P

T

CRÉDITS

Pages 262-263 © Recette Philippe Mérel © Photo Alexandra Duca – *Tatins* (p. 42-43) - Coll. PPH *

* paru aux éditions Hachette Pratique

FOTOLIA

Page 6 © radakaran – Fotolia.com

Page 14 © viktorledermann – Fotolia.com

Page 17 © Claude Calcagno – Fotolia.com

Pages 23, 29 © Jérôme Rommé – Fotolia.com

Page 26 © Comugnero Silvana – Fotolia.com

Page 32 © Printemps – Fotolia.com

Page 35 © photocrew – Fotolia.com

Page 40 © ilumus photography – Fotolia.com

SCOPE-IMAGE

Pages 15, 19, 22, 38 ©Barde Jean-Luc/SCOPE-IMAGE

Pages 43, 206 © Czap Daniel/SCOPE-IMAGE

Accords mets et vins
La roue des accords

Faites tourner la roue pour découvrir en un clin d'oeil l'accord mets-vins idéal.

Inclus dans le coffret :

- le livret du vin Accords Mets et Vins d'Olivier Bompas
- 4 roues ludiques et pratiques pour accorder mets et vins :
    - la roue des cépages rouges
    - la roue des cépages blancs
    - la roue des fromages et desserts
    - la roue des styles de vins

20 €

www.hachette-vins.com

hachette
VINS

Coffret A.O.C
« Amusement d'Origine Controlée »

Un parcours œnologique semé d'embuches, destiné aux amateurs de vin.

Lancez le dé et testez vos connaissances à travers 640 questions/réponses :

- les cépages
- la vinification
- les AOC
- la règlementation
- les vins du monde
- la culture
- la dégustation
- les grands crus

24,90 €

Le livret fourni dans ce coffret vous donnera des réponses précises et détaillées qui vous permettront de jouer tout en vous instruisant.

Inclus dans le coffret : 1 plateau de jeu, 6 pions en forme de bouteille, 320 cartes, 1 dé, 1 livret.

hachette
VINS

Pour l'éditeur, le principe est d'utiliser des papiers composés de fibres naturelles, renouvelables, recyclables et fabriquées à partir de bois issus de forêts qui adoptent un système d'aménagement durable. En outre, l'éditeur attend de ses fournisseurs de papier qu'ils s'inscrivent dans une démarche de certification environnementale reconnue.

Direction : Catherine Saunier-Talec
Édition : Stéphane Rosa
Responsable de projet : Laurence Lehoux
Directeur artistique : Antoine Béon
Conception intérieure et couverture : Nicole Dassonville
Réalisation intérieure : Patrick Leleux PAO
Fabrication : Isabelle Simon-Bourg

Photogravure : Quatcoul
Dépôt légal : Février 2014
ISBN : 978-2-01-231485-6
23-1485-4/01

Imprimé en Espagne par Cayfosa

PAPIER À BASE DE FIBRES CERTIFIÉES

hachette s'engage pour l'environnement en réduisant l'empreinte carbone de ses livres. Celle de cet exemplaire est de : 3,30 kg éq. CO_2
Rendez-vous sur www.hachette-durable.fr